新视野·文化遗产保护论丛

博物馆的市场营销

单霁翔 著

天津大学出版社
TIANJIN UNIVERSITY PRESS

图书在版编目（CIP）数据

博物馆的市场营销 / 单霁翔著 .—天津：天津大学出版社，2017.9（2024. 5 重印）
（新视野·文化遗产保护论丛 . 第三辑）
ISBN 978-7-5618-5961-2

Ⅰ . ①博… Ⅱ . ①单… Ⅲ . ①博物馆事业—市场营销—中国 Ⅳ . ① G269-23

中国版本图书馆 CIP 数据核字（2017）第 242389 号

策划编辑 金　磊　韩振平
责任编辑 郝永丽
装帧设计 谷英卉

出版发行 天津大学出版社
地　　址 天津市卫津路 92 号天津大学内（邮编：300072）
电　　话 发行部：022-27403647
网　　址 publish.tju.edu.cn
印　　刷 永清县晔盛亚胶印有限公司
经　　销 全国各地新华书店
开　　本 148mm × 210 ㎜
印　　张 8.125
字　　数 196 千
版　　次 2017 年 9 月第 1 版
印　　次 2024 年 5 月第 2 次
定　　价 58.00 元

自序：把工作当学问做 把问题当课题解

“新视野·文化遗产保护论丛”出版在即，出版社嘱我写一个自序。心怀往昔，愿以时间为轴写出自己简短的感言，希望聚焦有启迪意义的文化历程，也希望表达充满真情实感的“乡愁”。

2011年8月25日清晨接到通知，我将要离开工作近10年的国家文物局，到故宫博物院工作。消息突然，没有精神准备。记得当天上午工作日程是在中国文化遗产研究院做专题报告。一路上，10年来的工作情景在脑海中闪过，想到在走向新的岗位之前，应该对以往工作进行回顾，负责任地进行工作交接，于是到会场后便放弃了已经准备好的多媒体演示内容，改为讲述参与中国文化遗产保护的体会，将近两个小时的畅谈，仍感意犹未尽，充满着回望与寻觅的思绪。

如今看来，当年的工作状态可谓“不堪回首”。就在接到通知那天之前的一周内，还经历了“南征北战”的过程：8月18日在吉林长春为市、县政府领导培训班做文化遗产保护报告；8月20日在西藏拉萨参加中国西藏文化论坛；8月21日在四川雅安参加茶马古道保护研讨会；8月23日和24日在福建福州分别参加全国生态博物馆、涉台文物保护总体规划评审，国家水下文化遗产保护中心福建基地启动，三坊七巷社区博物馆揭牌等活动。

一周数省，这就是当年常态化的工作状况。是什么力量支撑着自己一路前行？除了文物人“敢于担当、乐于奉献”的情结外，恐怕最主要的就是“把工作当学问做、把问题当课题解”的工作方法。不断出现的问题、不断凸现的矛盾和不断涌现的挑战，将时间撕裂成一块块“碎片”，甚至一天之内要进行几次“脑筋急转弯”。如果不能针对闪过的想法及时停下来思考、面对发现的问题及时静下来反思，就会陷于疲于应付、不堪重负的境地。城乡建设大规模展开的时期，必然是文化遗产保护最紧迫、最关键的历史阶段。只有“把工作当学问做、把问题当课题解”，才能在复杂的情况下，夯实基础，居安思危，防患未然；在困难的情况下，深思熟虑，心中有数，底气十足；在紧急的情况下，头脑清醒，敢于直面，坚守底线。

“把工作当学问做、把问题当课题解”的工作方法，需要持之以恒，读书、思考、写作、归纳，早已成为每天的必修课。无论是在考察途中的汽车里，还是在往返的飞机上，抑或是在家中的书桌前，以电脑为伴，将考察的感想、调研的体会、阅读的心得及时记录下来。正是因为这一次次的梳理思绪、深化认识，长期下来，居然积攒下上千万字的记录，包括论文、报告、访谈、提案，林林总总，其中既有“一吐为快”的真实感受，也有“深思熟虑”的肺腑之言，还有“临阵磨枪”的即席表达。将它们汇集起来，既是一个时期实践经验的点滴记载，也是一个时代文化遗产事业的综合纪实，还是一个文化遗产保护工作者不息生命的心灵写作。面对这些海量且繁杂的“原生态”记录，早已萌生出按照内容进行分类归纳的愿望。所幸天津大学出版社伸出援手，以“新视野·文化遗产保护论丛”为名，按照不同内容进行分辑分册，涉及文化遗产保护基础建设、文化遗产保护项目实施和文物博物馆事业发展等诸多方面。

一路走来，吴良镛教授的学术思想始终像一座灯塔照亮我前行的方向。“把工作当学问做、把问题当课题解”，源于吴良镛教授所倡导的“融贯的综合研究”理论框架。就是力图从更广阔的视野、更深入的角度，分析和梳理文化遗产之间的内在联系，探索和建立新的文化遗产类型和相应的保护方式，使制约文化遗产事业发展的重点、难点和瓶颈问题不断得以有效解决。实践证明：文化遗产保护、城市文化建设、博物馆发展，在方法上、尺度上、内容上虽然各有不同，但是三者有着共同的研究对象，三位一体进行“融贯的综合研究”，则可以呈现出中国特色文化遗产保护的新视野。

从1984年进入城市规划部门以来已经30余载，从1994年进入文物系统以来也已经20余年，其间有不少令人难忘的回忆。有幸在职业生涯的最后一站，来到故宫博物院，一方面继续享受紧张工作带来的压力和挑战，另一方面得以将几十年来积累的体会应用于具体实践。今天，更为突出的感受是，只有“把工作当学问做、把问题当课题解”，且加强全程管理，才能使每一项工作都与细节管理挂起钩来，把桩桩件件事情都做得细之又细，才能获得持续发展的后劲。

北京时间2014年6月22日15时19分，从卡塔尔首都多哈传来喜讯，在第38届世界遗产委员会会议上，中国大运河被列入《世界遗产名录》。30分钟后，跨国联合申报的“丝绸之路：长安—天山廊道的路网”也顺利通过评审。作为大运河和丝绸之路保护与申报的参与者和见证者，我格外激动和自豪。2015年5月5日，从文化遗产保护现场又传来好消息，世界文化遗产——大足石刻千手观音造像抢救性保护修复工程竣工，看到“前方”传来修复后的美轮美奂的千手观音造像影像，我激动不已。回想2008年“5·12汶川大地震”后的第8天，我们从四川地震重灾区赶到重庆大足，看望已经800岁高龄的千手观音造像，看到早已满目疮痍的文物本体又被地震殃及，当即决定开展抢救保护工作，将其列为石窟类保护的“一号工程”，如今千手观音造像再现“慈祥的微笑”，得以功德圆满。的确，每当昔日的努力成就今日的收获，都是文化遗产保护工作者最幸福的时刻。

2006年6月10日，我们曾以无比喜悦的心情迎来了中国第一个“文化遗产日”。10年的奋争，10年的坚守，10年的耕耘，10年的收获。再过半个多月，我们又将以无限期待的心情，迎来中国第十个“文化遗产日”。谨以“新视野·文化遗产保护论丛”献给这一节日，献给长期以来用智慧和汗水呵护文化遗产的文博同人，祝愿祖国的文化遗产永葆尊严；献给长期以来用真情和热心关注文化遗产的社会民众，祝中华文化遗产事业蓬勃发展。

2015年5月25日

目录

文物拍卖与文物保护[1]

（1996 年 1 月）

正当房地产市场冷冷热热、股市行情跌跌撞撞之时，偃旗息鼓已数十年的文物拍卖市场，却随着时间推移，日渐升温，终于呈现出迅猛发展的势头，成为社会文化发展中的热点之一。在拍卖会的阵阵槌声中，人们众说纷纭，“好得很”与“糟得很”的评价泾渭分明。因此，对文物拍卖活动的利与弊给予正确评价，并对其给文物保护事业带来的影响进行冷静分析，具有重要的现实意义。

我国经济体制改革的目标，是建立和完善市场经济体制与运行机制。市场经济体制的核心问题，是生产要素的配置方法主要不是靠指令性计划，更多的要靠市场调节。市场经济活动又必然影响甚至决定社会生活乃至人们思想观念的变革。这一形势，对文物保护事业和人们的文物保护意识也产生了强烈冲击，提出许多新的问题。文物要不要进入市场？如何适度开放文物市场？统购统销的垄断经营局面被打破后如何保持国营文物商业主渠道作用？政府如何对文物市场进行宏观调控？这些问题都需要通过实践给予回答，而文物拍卖活动在这些方面都进行了有益的尝试。两年来，北京文物拍卖试点显示了以下特点和意义。

① 此文发表于《美术观察》1996 年第 1 期，第 42 页。

一、有利于吸纳保护民间珍贵文物

在“公开、公平、公正”的原则下，由于文物拍卖活动允许私人提供藏品参拍，而且对超等级的文物可以实行定向拍卖，使一些久藏民间、秘而不宣的珍贵文物开始出现，也使国家有可能吸纳保护。如在1994年文物拍卖活动中，通过定向拍卖，将由私人提供的“孙中山手稿”等一级文物，由国营陈列室、博物馆收藏，实现了珍贵文物从私有变为公有的转化；在1995年的拍卖品征集中，又涌现出北宋张先《十咏图》等深藏民间的世间孤品、国家重宝，再次引起国家博物馆界的极大重视。通过拍卖即使有些珍贵文物被私人收藏家所购得，他们也会倍加珍惜花费巨金买下的“宝物”，精心加以保护。

二、有利于提高中国文物的价位

文物是特殊的商品，拍卖是现代社会商品流通的特殊形式，文物拍卖实现了特殊商品和特殊交易方式的结合。实践证明，在众多买家的激烈竞争中，实现了文物的商品属性和经济价值，大大提高了中国文物的价位。如果把文物这一特殊商品混同于一般商品，放在橱窗中定价待购，或放在旧货市场内任人取舍，都不能充分体现和实现文物的价值，而在拍卖会上，由众多珍视它的人来竞投，使价值规律的作用在竞争中得到了充分发挥。如：文物商店的一件清代竹根雕寿星，原标价3000元，摆在柜台内数年无人问津，在拍卖会上竟以高出原价百倍的33万元被买家购去，使国营文物公司得到较大收益。在拍卖活动中，中国精品字画的价格一路攀升，一些近代国画大师的作品成交价高达数十万甚至数百万元，不断创下世界拍卖市场的新纪录。中国文物在拍卖会上实现的价格，对整个文物市场起着重要的引导和定位作用，并且使国营文物公司数以百万计的文物商品大幅增值，带动了门市销售和内部经营管理。

三、有利于促进海外文物回流

一百多年来，中国一直遭受外国列强的侵略，文物资源不断被掠夺，文物艺术品也大量流失国外。今天中国经济迅猛发展，综合国力不断提高，文物被人廉价甚至无价掠夺的情况应该结束，富裕起来的中国人有责任、有能力保护好自己民族的文化遗产，而实现这一愿望的有效途径之一是发展国内的文物市场。由于拍卖活动的成功举办，使中国文物的国内价位逐渐与国际价位接轨，有些甚至超越了国际价位，出现了中国文物按市场经济规律从海外向国内回流的可喜景象。中国台湾、香港、澳门及东南亚、欧美地区的许多

德国柏林亚洲艺术博物馆新疆石窟寺文物库房

古董公司及个人，纷纷将收藏的中国文物珍品送回国内拍卖，其中大部分被国内博物馆、公司购得，从而改变了一百多年来中国文物珍品不断外流的历史，令文物工作者备受鼓舞。

四、有利于培育国内文物市场

文物拍卖市场的兴起，为人们提供了新的消费和投资领域，延伸和扩大了文物商业的经营方式和活动空间。又由于拍卖活动实现的价格对整个金融市场的引导作用，把越来越多的社会资金，如房地产、证券、期货等行业的流动资金引入文物市场，相当多的买主除欣赏文物的艺术性之外，还把它视为与股票、证券、房地产相同的投资方式。在文物拍卖活动中，最引人注目的是国内收藏者购买实力的崛起，每场拍卖活动中，国内买家都多于境外买家，国内买家所创下的成交额也均高于境外买家，这一形势来源于近年来中国经济的持续增长，使企业和个人收入明显提高，涌现出一批经济实力雄厚的新型企业和高收入者，为国内文物拍卖市场奠定了基础。国内文物拍卖市场的成熟，打破了世界上数家海外拍卖行对中国文物拍卖业的垄断，并且为海内外收藏家和团体提供了一个物畅其流、物尽其用的高层次、高质量的文化交流场所。

五、有利于充实文物保护资金

文物拍卖公司通过拍卖活动的顺利进行，可以获得数目可观的利润，这些利润所得主要应用于文物保护事业。一方面增加了国营文物商店的收购资金和事业发展基金，更新了文物库房的储藏条件和安全保障系统；另一方面，通过拍卖活动收购一批较珍贵的文物，提供给博物馆，充实了馆藏文物和展品。除此之外，拍卖公司还积极为文物保护事业提供赞助，仅1995年春季拍卖会后，两家拍卖公司就为文物部门举办纪念北京建城3040年活动和修缮文物古迹捐款百余万元。

六、有利于加强对流散文物的管理

拍卖活动使文物交易由暗转明，由地下转为公开，方便文物行政管理部门对文物流通和流散文物的管理。拍卖活动中允许私人提供藏品参加拍卖，提高了民间收藏者参拍的积极性，纷纷将几代人秘密收藏的珍贵文物提供给拍卖公司，在每场拍卖会中，超等级的重头拍品均来自于民间。因此，文物行政管理部门可以通过拍卖活动，发现大量文物的存在并掌握其动向，特别是一些珍贵文物通过定向拍卖，使其保存状况得以掌握，为今后建立民间珍贵文物登记制度并实施跟踪监督管理，提供了基础条件。

七、有利于发挥国营文物商业的优势

国营文物公司开展文物拍卖业务以后，利用几十年来文物经营中形成的稳定、充足而畅通的供货渠道，特别是利用了多年来在经营活动中与民间收藏者形成的业务网络和良好信誉，在短时间内能够征集到上万件文物，其中不乏一些文物珍品，使拍卖经营活动丰富多彩，增加了国营文物公司的活力，改变了前一时期旧货市场活跃，国营文物商店萎缩，靠固守旧摊子、吃老本度日的被动局面，使国营文物公司自身的优势得以发挥，在文物市场的多种经营形式并存的新格局中站稳了脚跟，发挥出国营文物商店的主导作用。

八、有利于培养文物鉴定专业人才

文物拍卖是一种专业性强、操作复杂、极具竞争的商业行为，同时拍卖活动的拍品分别来源于本地、外埠和海外，内容涉及历代书画、碑帖、古籍善本、文房四宝、金、石、陶、瓷、玉、翠、竹木牙雕、家具、钟表等，品种齐全、数量繁多，需要对每一件拍品的真伪质量进行鉴定，严格把关。所以拍卖公司的业务人员能经常接触到大量真的、伪的、好的、劣的、完整的、破损的文物，改变了以往因难于接触实物，文物鉴定专业人才难以培养的状况，锻炼出一批具有丰富实际鉴定经验和理论修养的文物鉴定人才以及精通文物拍卖业务的专家。

九、有利于提高全民文物保护意识

拍卖是一种最公开的交易形式，每一场拍卖都要进行最大限度的出版、展示，通过广播、电视、报纸等新闻媒介的宣传活动，造成广泛的社会影响，无形中在广大民众中宣传了文物知识，增加了文物保护意识。另一方面，由于大型文物拍卖活动集中了一批文物珍品，大大便利了文物爱好者的鉴赏、识别，对于带动整个社会的艺术鉴赏风气，起到了积极促进作用。

十、有利于抑制非法倒卖活动

文物拍卖给民间合法收藏者开辟了一个以合理价格转让的公开渠道，在一定程度上抑制了非法倒卖活动。过去由于长时期国内没有正常的文物交易渠道，致使不少珍贵的文物通过走私等不正当手段流失海外，今天的文物拍卖活动把地下的引上地面，把私下的变为公开，有效地堵塞了非法交易的渠道。另一方面，过去相当长的时期内，文物非法倒卖、盗掘走私严重，除管理的原因外，经济价值与艺术价值严重脱节也是重要原因，今天通过文物拍卖，体现和实现了文物的经济价值，也使更多的人加入到文物保护的行列中来。

综上所述，由于北京文物拍卖试点工作起点高，向社会显示了良好的社会效益和可观的经济效益，同时也引起了众多文化企业和经济实体的关注，纷纷提出开办新的文物拍卖业务，大有一哄而上之势，对此需要正确分析，慎重决策。

目前，我国文物拍卖业还比较稚嫩，尚未建立起行业权威和成熟的社会形象，在文物拍卖活动中还暴露有诸多缺陷，如：有的拍卖活动中充斥投机行为，人为地对拍卖品炒买炒卖；有的见利忘义，肆意拍卖出售赝品；有的缺乏严格管理，拍卖活动极不规范，种种现象，亟待加以纠正和改进。因此，在文物流通政策尚未完善，文物拍卖法规尚未出台，文物拍卖活动尚处在试点阶段的时期，对文物拍卖市场只能适度开放，不能一哄而上，更不能放任自流。否则，不规范的拍卖与不正当的竞争，将使文物拍卖市场一曝十寒，信誉受损。

文物拍卖活动是一项政策敏感性强、对公众影响大的经营活动，必须从法律法规、方针政策、社会效益、舆论反映等多方面慎重把握，并在实践中不断摸索，才能使文物拍卖活动进入有序和规范化管理。

首先，文物拍卖活动必须按照国家有关法律规定实施。文物行政管理部门应对行政区域内的文物拍卖经营活动实施统一管理，负责对任何可能涉及文物和文物监管物品的拍卖活动进行检查监督。同时，对文物经营活动要建立健全严格的审批制度，对文物拍卖经营单位的资格、每场拍卖会的内容、上市文物拍卖品的级别鉴定等严格把关。必须坚持一切出土文物、馆藏文物以及文物商店收存的一、二级文物不准拍卖，对于私人或法人合法持有并投拍的相当于国家馆藏一、二级品的文物，应要求拍卖公司公告投买者，其范围仅限于国家设立的博物馆等文物收藏机构定向拍卖，不允许携运出境。

其次，文物拍卖经营单位必须严格按照国家审批的范围从事拍卖活动，并在每次举办文物拍卖活动前依法申报。在经营活动中，要始终把遵守国家政策、保护民族珍贵文化遗产放在首位，从建立规范的文物市场，提高中国文物在世界上的地位和影响的大处着眼，正确把握自身发展方向。在文物拍卖的激烈竞争中，以高起点、高水平、高效益、规范化来约束自己，并将拍卖利润所得主要应用于文物保护事业。

第三，文物拍卖经营单位应严格按照国际惯例来规范企业行为。作为买卖双方的中介机构，要站在公开、公平、公正的立场上，保护双方的利益，取得双方的信任。要尽力为买家、卖家提供周到服务，以信誉求生存，向服务要效益。要对拍卖品的真伪严格把关，不应草率下定论，只有严把真伪关，才能增强买家信心，维护买家的利益，同时也使拍卖公司在社会上树立起可靠的信誉。另外，在拍卖的价位把握上也应以平允为标准，对于每件拍卖品的评估值，均应反复权衡，并给买家留有合理的竞价空间，使人们从拍卖竞价中感受到中国文物的强大魅力。

文物监管旧货市场初探①

（1996 年 9 月）

近年，旧货市场的发展给国内文物市场带来一股强劲的冲击波，成为社会各界关注的一个敏感问题。如何看待这一现象，怎样对旧货市场实施文物监管，成为文物保护工作中的热点和难点问题。对此，应该高度重视，正确把握文物市场的发展规律，做出符合实际的决策。

一、客观存在：宝藏民间　水满自溢

中华民族有五千多年的文明史，在这漫长的历史岁月里，我们的祖先留下了丰富的文化遗产。这些珍贵的文化遗产中，只有少部分收藏在全国各地的博物馆里，而大量的则流散在民间。北京作为有八百多年历史的古都，更有着文物资源的丰厚底蕴，特别是一些反映悠久历史和民俗文化的古旧物品，在千家万户中仍然作为生活用品而广泛存在。

市场经济的发展，物质生产的丰富和居民收入的提高，促进了社会消费，带来了消费观念、消费方式、消费结构的变化。于是，消费品更新换代的速度加快，周期缩短，大量的、品类繁多的古旧物品被淘汰下来，而且淘汰的数量与频率不断增多和加快，形成了

① 此文发表于《北京文博》1996 年第 3 期，第 94 页。

社会性的古旧物品调剂需要。在被纳入“更新换代”之列的大量古旧物品中，经常有数量可观的、具有一定文物价值的、但不被持有人所认识的古旧物品被当作多余物资卖掉。而此类物品在市场上又为另一部分人视为宝物而竞相以较高的价格购买。这种因各地区经济发达程度不同，各社会阶层生活贫富程度不同，每个人之间文化教育程度不同而造成的价值认识上的差异现象，为旧货市场的生存创造了条件。

旧货市场存在的意义，远不止给具有一定文物价值的旧货一个合理流通的渠道，更重要的在于以下几个方面。

首先，有利于增强人们保护文物的意识。在商品流通社会中，价格是价值的表现形式，大量流散的古旧物品，一旦进入商品流通，有了交换，有了价格，也就显示了它们的实用价值和交换价值，从而，使许多原来弃置不用的古旧物品，一跃成为有价值的宝物，改变和增强了人们对家藏古旧物品的认识，认识到它们也是中华民族文化遗产的一部分，于是，“文物盲”逐渐减少，人们保护文物的自觉性不断提高，从这一意义上说，流通就是保护。应该看到，旧货市场的存在是社会性消费综合平衡的要求，客观上为民间家藏旧货找到了归宿，疏通了其流通渠道，提供了合法的交易场所。

其次，有利于民间收藏业的发展。中华民族有民间收藏文物的悠久传统，这一传统在历史上起到了保护文物的作用。今天随着人们文化教育水平的提高、经济生活的富裕和休闲时间的增加，同时，又由于这些传世文物独具特色的鉴赏与研究价值以及易于储藏保值的特点，人们选购、收藏文物的要求也越来越强烈，当这些流散文物中的精华部分逐渐进入收藏家手中，必然会得到较好的整理、保护、研究和利用。

另一方面，流散文物商品的迅速增值，会吸引更多的人加入文物收藏领地，尽管他们的目的不尽出于对艺术品的喜爱，但是会使更多的人珍视文物，并由此珍视祖国文化，这会有助于全社会精神生活品位的提高。

再次，有利于促进民族文化的交流。旧货市场每年吸引了数十万国内外旅游者，市场犹如中国民间传统文化的陈列室，绚丽夺目的民间艺术品展示了传统民间艺人的智慧与才华。在旧货经营者与中外顾客的交易过程中，不但促进了文物的多层次流通，增加了旅游的购物份额，更使中国传统文化在潜移默化中得到了弘扬，提高和扩展了中国传统文化在世界的知名度。在旧货市场里，大到古旧家具，小至历代钱币，分列杂陈，无奇不有，雅俗兼济，旅游者们在这里，既体察了民风，又买了物化的文化，促进了异地之间的交流。

可见，民间藏有大量流散文物是客观存在，建立合理流通渠道、开办旧货市场是客观需要。

二、经验教训：一管就死　一放就乱

长期以来，国家文物部门对社会流散文物实行统一管理、统一收购、统一经营的方针，即由国家文物部门对文物市场实施统一管理；未经国家文物部门许可，任何单位和个人都不得经营文物，文物经营权必须由国家文物部门统一掌管；任何单位和个人都无权收购文物，社会流散文物的持有者在出售手中的文物时，必须到国家指定的文物经营单位交售，不能私自售予他人。这是一种高度集中的计划管理体制，在这种管理体制下，文物市场不是在文物流通过程中自然形成，而是由国家指定设立。凡是在国家指定的国营文物商业场所之外进行的文物经营活动，一律视为非法，经营者将受到法律或行政手段的处罚。按照这一文物经营方针，国营文物商业扮演了主宰全部文物商品的角色，这样一方面保护了国营文物商业的经营，另一方面也束缚了它们的手脚。事实上，国营文物商业对流散在民间的传世文物不可能完全控制，它们既无能力，也无必要将所有民间流散文物全部收购过来。由于国营文物商业对一些低档次、低品位、销路不畅的流散文物不愿收购，而希望收购高档次、高品位、畅销的流散文物，又因持有者嫌国营文物商业定价太低而不愿出售，致使人们手中的大量具有一定文物价值的旧货被排斥于正常商业流通之外，没有出路，变成了“死物”。这是流散文物管理上的误区，它严重伤害了千百万民间流散文物持有者的切身利益，割裂了文物经营业与大众日常生活的密切联系，削弱了大众的文物意识。

不符合客观实际的方针，必然带来事与愿违的结果。在市场经济的大潮中，国营文物商业对文物市场的经营特权难以继续维持，众多民间流散文物持有者，自找出路，私下进行交易，致使文物部门监控之外的、自发形成或由有关单位擅自开办的非法旧货市场应运而生。面对这一形势，国家文物部门摆脱传统观念束缚，适应社会环境的新变化，适度开放文物市场，建立多种经营形式并存的文物经营格局，积极创办了文物监管旧货市场。于是出现了目前在流散文物的经营活动中，公与私并存、合法与非法同在的复杂局面。其中文物部门监管之外的非法旧货市场暴露出诸多弊端，影响了整个文物市场的健康发展。

首先，这类市场多为路边市场，“凌晨成市，市散为路”，缺乏必要的市场经营设施和管理条件，全开放的经营形式又产生了扰民、影响交通、秩序混乱、环境脏乱等诸多问题。

其次，这类市场的经营人员多为无照经营，既没有文物部门的经营许可，也没有工商部门的营业执照，人员情况复杂，流动性大，“聚市交易、市闭人散”，若发生问题无从查起。经营者中，有的是走街串巷的古旧物品收购商贩，有的是坐地等货的收购户，有的是来自各文物大省的流动商贩，其中也难免有一些利令智昏、打着个人收藏旗号、违法购销国家所有的出土文物的不法商贩，对这类市场如不及时加以控制，就可能成为倒卖文物的集散地，甚至成为掘墓、偷盗文物罪犯的销赃地点。

再次，这类市场的经营物品，真真假假，鱼目混珠。一些人受经济利益的驱动跻身旧货市场，抱有转手倒卖、获取高额盈利的目的。更有一些人根本不懂文物知识，只是看到有利可图便盲目经营，造成不少文物商品的价值与价格严重背离，扰乱了市场秩序。由于这类市场经营的不规范，竞争手段的不正当，货物来源的不明确，致使文化性格极强的文物市场消失了其应有的特色。

总之，旧货市场的产生使文物经营体制从单一的国家计划型迈向了市场经济型，但是旧货市场的现状有喜有忧，兴利除弊的关键在于要继续更新观念、正视现实、完善体制，对现行文物市场管理做进一步改革。

三、根本出路：适度开放　加强管理

在建立市场经济的形势下，文物市场经营如何与社会经济生活相协调，文物行政管理部门如何对文物市场进行宏观调控，是当前研究和解决文物管理与市场经济关系问题的核心。必须承认，文物的经营活动属于商品的流通领域，起决定性作用的是价值规律，因此用经济手段进行调节是搞好文物市场的最佳途径。旧货市场的存

在有其客观必然性，是不以人的意志为转移的市场经济现象，没有合法的文物监管旧货市场，就必然会出现地下文物黑市。因此对旧货市场不能盲目控制，只有积极引导，纳入管理，才能使文物流通环节在文物部门的监控之下，因此，要继续采取“归行纳市”的办法，本着“管而不死，活而不乱”的原则，对条件成熟的旧货市场实施文物监管。

在文物监管旧货市场的管理中，要注意从宏观上控制市场发展的规模，正确分析市场需求，新设旧货市场和现有旧货市场的规模都要符合实际需要，对市场经营范围也要认真分析，从而减少旧货市场发展的盲目性，避免发展过程中的失控现象，引导文物经营活动步入良性循环的轨道。

首先，要坚持开办文物监管旧货市场的目的和方向。开办文物监管旧货市场的目的是为了深化文物商业体制改革，建立适度开放、多种经营形式并存的文物市场新格局，以改善流通环境，疏通流通渠道，扩宽流通方式，实现既有利于文物收购，也有利于文物销售，还有利于文物收藏的公平竞争机制，建立起国营文物商业经销文物为主，文物监管旧货市场经销旧货为辅的文物市场体系。把旧货市场办成民间低档次、低品位、高数量的文物交易场所，作为国营市场商业的补充而存在。文物行政管理部门在加强旧货市场管理的同时，应贯彻积极地保护与科学地选择相结合的原则，即有选择地流通与有选择地保护，使市场管理和文物保护工作从形式到内容达到有效的统一，使市场管理中的文物保护工作处于积极主动的地位。

其次，文物监管旧货市场应实行文物管理部门与工商管理部门协调统一的管理，完善各项规章制度，严格划清非法与合法的界线，从登记、审核、发照到交易活动，实行严格的专业管理，施以切实可行的文检管理，严格执行准售标准。实行健全有序的监管，以流通促进管理，以管理保障流通，使旧货市场朝着利国利民的健康方向发展。在加强对文物监管旧货市场管理的同时，文物管理部门还应会同公安、司法、检察、工商等有关部门，采取有力措施，全面整顿文物市场，坚决打击地下黑市，取缔无照经营活动。要坚持出土文物不得倒卖，珍贵文物不能出口，超年限文物不准涉市。只有如此，才能杜绝珍贵文物的流失，防止非法走私文物的泛滥，才能使文物市场活而不乱。

再次，文物监管旧货市场应为合法经营者和购物者提供良好的售购条件。在管理手段上要运用现代化管理方式，采取文物、工商、税务、旅游、海关、公安、银行、邮电等部门联合办公的形式，为交易双方提供诸如文物鉴定、财务结算、文检火漆、包装托运、信息传递等一系列优质服务及法律保障。在管理机制上要明确清晰，及时通报市场管理状况，分析销售动态，在收集、鉴别、修复、展示、交易、收藏等各个环节上，给合法经营者以指导。文物监管旧货市场的软件建设也应与硬件建设同步发展，市场主办者应具有较强的政策观念和管理能力，市场管理人员也应具有较好的素质。要切实加强对旧货市场内经营者的宣传教育，使每一位经营者知法、懂法、守法。

浅析博物馆使命与市场经营[①]

（1996年3月）

随着当前经济体制改革的深入和市场竞争机制的引进，北京地区博物馆事业的发展，遇到了一系列错综复杂的矛盾，其中最为棘手的莫过于处理好博物馆使命与市场经营之间的关系。如何正确处理这一矛盾，及时调整工作部署，使博物馆事业进一步健康合理发展，是当前工作的重点。实践证明：博物馆使命必须以开展市场经营为保证，市场经营必须以保证业务工作为前提，业务工作必须以实现博物馆使命为目的。

一、博物馆使命必须以开展市场经营为保证

近年，北京地区博物馆事业在取得重要发展的同时，也遇到了不少困难和问题，其中最主要的仍然是，多数博物馆缺乏自身的发展活力，为资金严重短缺所困扰，陈列展览无力更新，缺乏现代化展陈手段，基本陈列长期以老面孔面对社会，因而导致观众稀少；藏品库房不符合标准，设备陈旧落后，致使文物被盗受损，安全难以保障；科研工作根据资金投入状况时搞时停，致使专业人员大量流失。所有这些都是需要认真研究和加以解决的。然而解决这些问题的核心是，博物馆事业需要坚实的物质基础。应该看到，在传统

① 此文发表于《北京文博》1996年第1期，第26页。

计划经济向市场经济转轨的关键时期，博物馆单靠政府拨款的状况终将发生变化，但是社会各界积极赞助博物馆事业发展的形势，在短时期内难以形成，而博物馆的发展不能等待。为不失时机地发展博物馆事业，当前必须进一步转变传统观念，认识经济规律，采取务实精神，加大改革力度，积极投身市场，大胆参与竞争。各博物馆都应积极摸索出在市场经济条件下生存、发展和壮大的途径和方法。要认真处理好以下几个认识问题。

甘肃某县博物馆

（1）要全面理解博物馆“不以营利为目的”的传统定义。博物馆不可能是纯粹的福利性设施，既不能把博物馆当作发财致富的手段，也不能不允许博物馆获取经济收入来资助自身事业发展。在多种经济成分并存的社会里，博物馆要以自身的实力与其他经济实体发生关系。没有自身活力的博物馆，要想有一个充裕的生存空间几乎是不可能的。事实上，世界上各博物馆都在从事商业活动，不搞创收的博物馆是不存在的，也是办不下去的。

（2）要破除博物馆“搞创收是不务正业”的陈旧观念。遵循价值规律和市场运营机制，树立起市场、商品、风险、竞争等全新观念，在弘扬自身主旋律的同时，加速兴办第三产业，积极创收，通过“以文养文”“以商养文”“以科技养文”等“多业助文”，努力增强博物馆的活力，逐步形成自身的良性循环。

（3）要准确掌握“应把社会效益放在首位”的基本内涵，坚持社会效益同经济效益相统一。认真处理好主业与副业的辩证关系，在突出博物馆教育功能的同时，充分挖掘各博物馆的多样性特点，创造出丰富多彩、各具特色的精神产品。

由此可以看出，在新旧两种经济体制的转轨过程中，包括博物馆在内的整个文化事业都被纳入了市场轨道。在这种新形势下，衡量博物馆工作优劣的首要标准，虽然是看它取得了怎样的社会效益，但是经济效益的好坏，对每一个博物馆来说必然比以往任何时候都显得更加重要。

二、市场经营必须以保证业务工作为前提

对于博物馆搞经营创收，应该采取辩证的观点来看待，既不能简单地否定搞经营创收会影响博物馆正常工作的开展，有损博物馆的纯洁形象，也不能认为一概都好，没有任何问题。就目前情况看，各博物馆开办的经营创收项目可以有：为方便观众建立服务配套设施，例如餐饮设施、电信通讯设施、休息设施等，实行有偿优质服务；开辟商业柜台和服务系统，采取承包和租赁的办法，售卖参观纪念品和邮送服务；提供场地和建筑拍摄电影、电视作品；开办文物景点和博物馆的项目旅游公司，提供导游服务，增加观众人数；

适当利用馆内多余建筑或空间，改建为可供经营服务的房屋，短期出租；开办进行商业经营的经营公司，参加市场竞争。

至于一个博物馆应开办何种经营业务，要根据该馆的条件，做好市场调研，量力而行，逐步开展。但是在开展创收活动中应避免发生以下问题：为开展创收活动，随意拆改、分割、损坏原有博物馆建筑的整体风格，致使博物馆优雅、清新和舒适的环境受到破坏；为扩大创收场地而撤销基本陈列及各种专题展览，将展陈场地租让给商业部门，以牺牲业务工作为代价搞创收；盲目引进服装售卖、家具展销、卡拉 OK 等与博物馆性质格格不入的经营项目，致使馆舍内外充斥商业气氛，甚至不经批准搞迷信活动，牟取高额利润；一味追求经营效益，忽视对本身业务工作的研究与提高，甚至分流专业人员，致使业务工作瘫痪停顿，改变了博物馆的固有性质；未经严格鉴选和履行报批手续擅自处理、出售馆藏珍贵文物，以小利忘大义，只顾眼前利益，而损害博物馆的长远利益；开展创收活动时忽略安全工作，经营活动区与陈列展示区、藏品库房区混杂交叉，甚至夜间留经营人员在馆内住宿，造成失火、文物被盗。

综上所述，为了保证文物安全，不影响业务工作正常开展，保持博物馆特有的环境，维护博物馆在社会民众中的形象，发挥博物馆的教育功能，各博物馆要合理调整现有机构，分流人员，设置专门部门，开辟适当区域，专门开展经营创收。博物馆搞创收经营的出发点和根本目的是为了增强博物馆事业的实力，因此，各博物馆根据各自馆情和条件，努力开展创收，其创收所得要最大限度地用于博物馆事业的发展。

三、业务工作必须以实现博物馆使命为目的

市场经济是我国经济改革的基本取向和经济发展的必由之路，建立主动适应市场经济的博物馆办馆机制，是博物馆为经济基础服务的必然要求。离开了市场导向，也就没有实际意义上的改革。同时，博物馆也受政治、文化的制约并为之服务，因此博物馆的改革又必须遵循其自身的规律。

尽管当前博物馆在加强各项业务活动、弘扬自身工作主旋律方面，存在不少矛盾和困难，遇到不少新形势下的新问题，但是在困境之中一定要看到光明的前途，要看到北京地区博物馆自身的潜力和希望。

（1）博物馆是文化珍品收藏之所，拥有巨大的物质财富，实力基础雄厚，文物藏品丰富，这就是我们的优势所在。

（2）北京地区的很多博物馆是利用文物古迹建设的，这些文物建筑历史悠久、丰富多彩、各具特色，博物馆身在其中，与旅游景点两者相互促进。

（3）北京地区的大多数博物馆，由于建馆比较早，目前拥有较大的占地面积和较多的建筑面积，这在市场经济的今天，无疑是一笔难得的财富，为今后的更大发展提供了可能性。

总之，只要我们认清自身的优势，努力挖掘潜力，就一定能够摆脱困难，求得发展。发展必须是以搞好博物馆本职工作、完成博物馆使命为前提。任何时候都要明确博物馆的“主业”与“副业”。藏品征集、保护，陈列展览、宣传教育和科学研究以及博物馆行政管理，始终是“主业”，而其他经营活动都是“副业”。但是在市场经济条件下，主业也可以在以下方面向市场经营方面延伸。

（1）积极开放展览场地，引进内容健康、形式多样而又充满时代气息的专题展览、临时展览，既能增加观众，又能增加馆际之间的交流机会。

（2）在进行广泛社会调查的基础上，提供信息咨询，帮助各博物馆根据时代特征和文化趋向，制定和调整工作目标，及时推出优秀的陈列展览。

（3）通过广播、电视、报纸、广告等多种新闻媒介，大力宣传报道自身，提高博物馆的知名度和社会地位，促使观众数量增加，同时，加强社会交流和国际交流，积极寻求社会、集体、个人及海外人士的理解、支持和赞助。

（4）利用博物馆技术和专业人才优势，举办科研咨询、专题讲座、学术研讨、短期培训，有条件的博物馆可以筹办或承接展览，联合出版专业图书，开展文物鉴定。

（5）利用博物馆藏品优势，开展文物短期租用业务，有偿提供文物图片、资料，承办文物的复制业务。

上述博物馆主业的延伸活动，虽然可以纳入博物馆市场经营范围，但是其意义不仅仅在于为博物馆创收了多少资金，更重要的是在博物馆与市场之间建立起双向联系。这种联系的意义十分重大。

（1）博物馆将根据市场需要制定近期的工作和任务，使博物馆的社会服务受到广泛欢迎，密切了供给与需求的关系，有利于博物馆效益的实现。

（2）博物馆要延伸主业，开展市场经营，就不可避免地要参与行业竞争，在市场竞争的机制作用下，又会促使博物馆主动努力地提高服务质量和水平，这又在深层次上创造了实现博物馆效益的重要条件。

（3）博物馆在面向市场、开拓市场、追求效益的实践过程中，势必促使博物馆人员思想和工作作风的转变，为博物馆在市场经济条件下，追求更大的发展而培养有适应性的、有进取精神的人才。

实践将证明，当我们把博物馆使命与市场经营真正有机结合起来时，北京的博物馆事业将取得前所未有的发展，各博物馆将以丰富的文物和展品、不断更新的陈列展览、多种形式的社会教育活动、活跃的学术气氛、丰硕的研究成果和日益提高的科学管理水平，受到全社会的广泛关注和重视，在首都文化中心建设中发挥独特的作用。

在全国博物馆文化产品开发工作座谈会上的报告

（2010 年 2 月 3 日）

全国博物馆文化产品开发工作座谈会

2008 年博物馆免费开放以来，观众数量显著上升，结构明显变化，社会各界对博物馆的关注度和对博物馆文化的需求空前提高，博物馆的社会责任也进一步强化。如何丰富博物馆文化产品，满足广大公众把“博物馆文化带回家”的愿望，成为当前博物馆工作中需要关注的一个重要问题。下面，我对博物馆文化产品研发工作谈几点意见，供大家参考。

一、准确把握博物馆文化产品研发工作现状

博物馆文化产品是藏品、展览内涵的拓展和延伸，是服务观众、寓教于乐的有效载体。博物馆文化产品主要包括三个类别：第一类是依托博物馆藏品和展览设计制作的各种材质的创意文化产品和民族手工艺品，第二类是文物藏品的复（仿）制品，第三类是与博物馆藏品和展览相关的书籍、电子出版物及各种纪念品。

近年来，随着我国文化体制机制改革的逐步深入，广大博物馆工作者积极探索，大胆实践，依托丰富的博物馆藏品和展览，大力研发博物馆文化产品，丰富了民众的精神文化生活，增强了博物馆对大众文化的影响力。博物馆文化产品研发正在开始成为博物馆事业发展新的增长点，正在日益成为博物馆获取社会资源的一条重要渠道。主要表现在以下几个方面。

（一）博物馆文化产品研发和经营模式不断创新

在博物馆体制机制改革过程中，全国博物馆在文化产品研发和经营模式上不断创新，逐步从单一模式向多样化模式转变。当前博物馆文化产品研发和经营模式主要有四种。一是场地出租和职工承包经营模式，中小型博物馆和西部博物馆多采取这种模式。二是内部经营模式，如秦始皇兵马俑博物馆设立了内部产业经营部门，建立了自己的经营服务网点。三是内部经营和公司运作混合型模式，如故宫博物院成立了文化产品开发有限公司、文化服务中心等经营机构，还把自己的礼品专营店开到了澳门艺术博物馆；故宫博物院还与多家企业单位签署了多个文化产品的监制协议，先后与中国集邮总公司联合研发生产了“纪念故宫博物院建院 80 周年个性化纪念邮票”，与北京大家仝观装饰设计有限公司合作生产、销售精品陶瓷

等。四是公司运作模式，如上海博物馆、湖南省博物馆等将产业部分与公益事业部分相剥离，成立隶属于博物馆的独立的公司实体。

（二）涌现出一批博物馆文化产品知名品牌

经过不断探索，博物馆逐步摆脱低水平重复制作种类单一的复（仿）制品的局面，自主研发和知识产权保护意识不断提高，逐步培育出一批知名品牌。如故宫博物院先后研发出水晶角楼、太和殿纸模、云锦、铺首、工艺扇、新款领带等一系列具有自主知识产权的新产品；"故宫"和"紫禁城"两个商标已经被国家工商总局列入驰名商标名册表，故宫博物院出售的文化产品全部用鲜明的故宫文化品牌覆盖；湖北省博物馆早在 1994 年就注册了以编钟造型为主的"天籁"商标，2003 年注册了以馆藏国宝"曾侯乙编钟"为主要内容的"曾侯乙编钟乐舞"商标；湖南省博物馆自主研发的产品达到 9 个种类 70 多个品种，研发的产品在长沙市首届旅游商品设计大赛中获得一金二银三铜的优秀成绩，以马王堆养生文化为核心设计研发的拥有自主知识产权的马王堆养生枕系列产品，取得了很好的市场效益；上海博物馆艺术品公司在上海文化时尚前沿——上海新天地开设了首家分店，店中展示和销售的全部是该馆自主研发的各种文化产品，不仅扩大了博物馆的社会影响，也树立了博物馆在公众心目中的新形象。

（三）博物馆文化产品与文化旅游市场结合日益紧密

不少博物馆将文化产品研发与文化旅游市场有机结合，更好地实现了利用价值，提高了开发效益。如北京恭王府博物馆、中国丝绸博物馆、湖北省博物馆、湖南省博物馆等通过加强与旅游部门及文化产业的协作，建立了博物馆文化产品的营销渠道和营销网络，产生了较好的效益。一些博物馆还重视与影视、出版、广告等相关文化产业部门的联合，利用自身的资源和人才优势，增加博物馆文化产品在社会文化产品中的份额，扩大博物馆的社会影响力。如湖南省博物馆与湖南卫视、湖南经视合作推出《博物馆翻箱底》电视专题栏目，在《天天向上》等名牌节目中宣传推广其博物馆的精品特展和相关产品，与影视公司合作推出《大汉悲歌》等电视连续剧。

（四）增强了博物馆自身造血功能和生存发展能力

国内一些博物馆通过文化产品研发获得收益，补充了国家财政投入的不足，更好地支持了博物馆的稳定运营和事业发展。如故宫博物院各种文化产品销售额一年达到 4000 万元左右。上海博物馆新馆建成十余年来，累计研发各类文化产品 1600 余种，年销售额达 2500 万元，远远超过了门票收入。成都武侯祠博物馆、陕西秦始皇兵马俑博物馆的各类文化产品年收入达 2000 万元。成都杜甫草堂博物馆从 1998 年至今，特色旅游纪念品研发年销售收入平均增幅为 21%，固定资产规模从 437 万元增加到 5000 余万元。

（五）延伸和拓展了博物馆文化传播功能

参观博物馆的陈列展览，可使人感悟中国传统文化的独特魅力；买走与博物馆陈列展览相关的文化产品，可以使观众加深对博物馆的理解，与家人朋友共享文化遗产信息，从而延伸和拓展了博物馆文化传播和教育的社会功能。博物馆的很多临时展览，由于展览时间短，撤展后具有不可还原性，通过图书、音像制品等的销售，不仅给观众留下了展览的美好记忆，还可以给观众以持续的教育，让观众把博物馆记忆带回家。特别是随着民众生活水平显著提高，公众文化消费需求日益旺盛；随着我国日益成为世界各国游客的旅游目的地，海外游客纷至沓来。博物馆文化产品由于文化内涵丰富、品位高雅、工艺精美等特点，深受国内外游客的喜爱和青睐。南京博物院、陕西历史博物馆、首都博物馆、中国丝绸博物馆等研发的丝巾、领带、袖扣、首饰盒、时尚包袋、出版物等涉及人们日常生活各个领域的文化产品，受到大众的广泛欢迎。而故宫博物院、上海博物馆、陕西历史博物馆等研发的“国礼”“省礼”等，也成为政府部门外事往来的重要礼品。博物馆文化产品研发，使广大公众有了更多接触文物、了解文物的机会，增强了博物馆对大众文化的影响力。

北京观复博物馆陈列展览

但是从总体看，目前我国的博物馆文化产品研发经营还处于起步、探索、培育、发展的初级阶段，整体水平还不高，基础比较薄弱，与博物馆文化产品研发发达国家相比差距很大。主要表现在五个方面。一是思想认识有偏差。不少博物馆还没有从计划经济时代的思想中解放出来，习惯于守摊子，把文化产品研发视为可有可无；一些博物馆将文化产品研发经营和收益分配视为与博物馆无关的独立行为，对博物馆公益事业的发展没有发挥应有的反哺作用。二是法律法规和政策缺位。目前我国有多项关于文化产业发展的法规、规章及政策文件，例如《文化产业振兴规划》《国务院关于非公有资本进入文化产业的若干决定》《文化部关于加快文化产业发展的指导意见》等，但是这些法规、规章及政策文件，对于博物馆文化产品研发缺乏相关规定。三是文化产品研发管理与激励机制滞后。由于在人员配备、经营成果分配等方面缺乏政策支持，博物馆难以启动分配激励机制，员工积极性得不到有效调动。四是博物馆文化产品研发缺少资金支持。政府财政资金没有安排博物馆文化产品研发的支出项目；由于博物馆的市场行为还缺乏相关政策环境的明确支持，难以吸引社会资本的积极投入。五是研发工作滞后。一些博物馆将文化产品研发简单地理解为文物藏品的复仿制，研发方式落伍，产品种类单一，与广大公众对博物馆文化产品多样化、多层次的需求极不适应。这些问题，必须引起高度重视，采取有效措施，切实加以解决。

二、博物馆文化产品研发面临的机遇和实践意义

为推动博物馆文化产品研发工作的开展，2007 年 9 月，国家文物局在广东惠州组织召开了全国博物馆文化产品开发专题座谈会，研究探讨加快博物馆文化产品研发的对策措施。2008 年，发布的《关于全国博物馆、纪念馆免费开放的通知》提出，鼓励博物馆、纪念馆文化产品研发，促进其依托文物藏品、陈列展示推出各类文化产品，拓展和延伸文化传播功能。针对免费开放以来博物馆观众数

量和结构发生显著变化，公众精神文化消费的多样性更加突出，对博物馆文化产品的需求也更加迫切的特点，2010 年 1 月 26 日在北京召开全国博物馆免费开放工作会议，印发《关于进一步做好公共博物馆、纪念馆免费开放工作的意见》，对加强博物馆文化产品研发提出了更加明确的具体要求。

为研究制定推进博物馆文化产品研发的具体办法，2009 年，国家文物局组织湖南省文物局、湖南省博物馆等单位开展了全国博物馆文化产品研发情况调研，并在此基础上形成了《关于促进博物馆文化产品开发工作的意见（讨论稿）》。通过调研，进一步明晰了博物馆文化产品研发的实践意义，主要是以下几项。

第一，博物馆文化产品研发是博物馆实现自身社会功能和价值的需要。博物馆文化产品具有扩散性、渗透力和影响力，是博物馆文化和文化遗产有效、重要的展示和传播渠道；是博物馆社会教育、文化服务功能的拓展和延伸；是博物馆遵循“贴近实际、贴近生活、贴近群众”原则、服务社会功能的具体体现。做好特色文化产品的研究与开发，与博物馆其他工作同等重要。

第二，博物馆文化产品研发有助于促进博物馆体制机制的改革创新。随着国家文化体制改革的深入，博物馆体制机制改革也势在必行。如何有目的、有层次、有步骤地实施改革，找好突破口，是一个攸关博物馆事业发展与改革的关键性举措，而加强与促进博物馆文化产品的研发，大力发展博物馆文化产业就是很重要的“一把火”。这把火烧得如何，将对整个博物馆体制机制的改革与创新产生积极影响。

澳大利亚墨尔本博物馆

第三，博物馆文化产品研发有助于提高博物馆可持续发展的能力。我国目前大多数博物馆的运行经费仍然主要依赖政府拨款。但是，面对如此庞大的一项社会事业，政府有限的拨款只能解决基本的生存问题，难以满足博物馆长远发展的需要。博物馆文化产品研发以博物馆特有资源为依托，在保证博物馆社会效益的前提下，获得更多的经济效益，在一定程度上解决、弥补博物馆文化事业发展资金短缺的问题。

第四，博物馆文化产品研发能够更大程度地满足广大民众日益增长的文化生活需要。博物馆文化产品以博物馆资源为基本研发元素，其载体和表现形式是多元的，但是凝结在博物馆文化产品中的核心内涵仍然是丰富深厚的历史文化知识，它将不断满足所有热爱博物馆文化的社会大众的需求，满足他们将博物馆及其文化带回家的愿望。

第五，博物馆文化产品研发将培养锻炼一批既熟悉博物馆业务工作，又擅长博物馆经营与行销的新型综合型人才。就目前来看，国内各大博物馆在藏品、陈列展览方面专业人才较多，但是缺少既懂专业技术、又懂产业经营管理的综合型人才。在文化体制改革和博物馆文化产业发展背景之下，对这种综合型人才的需求愈发显得迫切。面对以学校教育为主的传统培养模式，博物馆文化产品研发的实践工作将是培养人才的一个非常有效的途径。

第六，博物馆文化产品研发对加强对外文化交流具有重要意义。博物馆文化产品研发依托的是文化遗产资源，吸取的元素来源于中华民族优秀的历史文化。博物馆文化产品在一定程度上代表了中华民族的悠久历史与文明，因此成为一种象征符号。由此也使一些博物馆文化产品常被冠以“国礼”“省礼”的称号，被各级政府领导乃至国家元首作为礼物赠送给国内外贵宾，成为传播中华文明的使者。

总之，我们必须认真研究免费开放后博物馆面临的新形势，充分认识博物馆研发文化产品的积极意义，紧紧围绕如何实现博物馆服务社会的使命，借鉴国内外先进经验，采取有效措施，积极推进博物馆文化产品研发，努力满足观众的文化消费需求，让观众把博物馆文化带回家，使历史文化传播更广泛、更深入、更持久。

三、扎实推进博物馆文化产品研发工作

为公众提供与博物馆藏品、展览内容相关的文化产品，是国际博物馆界的价值取向和发展趋势。20 世纪 70 年代以来，欧美博物馆在保持自身非营利公益事业机构性质的同时，立足于所在国家和

地区的经济社会发展现状，审视自身生存环境和发展需求，积极引入市场化的理论、方法、手段，建立起与其外部环境相适应的管理体系和运作模式，他们积极从各方面寻求资助，多渠道研发文化产品，并用所集资源回馈自身建设，取得了显著的成绩。在欧美国家，博物馆大都设有礼品商店。带着参观纪念品离开博物馆已经成为观众的习惯。在美国大都会博物馆等一些知名的博物馆，文化产品的研发与经营已经形成了连锁化、产业化的规模。美国博物馆协会甚至建有专门的博物馆商品销售网络。我们要积极借鉴国际先进理念和经验，加强调查研究，认真总结经验，在推进博物馆文化产品研发上不断创新思路、举措，多出产品，出好产品，更好地满足广大民众对博物馆文化的需求，并推动博物馆事业的科学发展。

（一）创造博物馆文化产品研发的良好环境

各级博物馆行政主管部门要统一思想，提高认识，高度重视博物馆文化产品研发。要争取将博物馆文化产品研发纳入本地区文化产业发展总体规划，统筹协调，同步推进；各博物馆要将文化产品研发纳入博物馆事业发展规划，加强文化产品研发专门机构建设，在人员、经费等方面给予必要保障。要转变行政主管部门对博物馆的管理方式，划清事权界限，充分运用法律和经济手段，实行间接和宏观管理；要加快实现博物馆依法自主运作，独立承担民事责任。优化博物馆内部组织结构，深化人事制度改革，扩大博物馆内部分配自主权，允许博物馆文化产品研发的部分收益用于分配和奖励，建立重实绩、重贡献的分配激励机制；完善博物馆质量评价体系，将博物馆文化产品研发绩效纳入博物馆评估定级标准，并列入博物馆年度考评的基本内容。

（二）充分发挥政策引导促进作用

各地文物行政部门和博物馆要深入研究，全面、准确、系统地把握国家和地方制定的一系列文化体制改革和文化产业政策，把优惠政策用好用足。鼓励各地结合实际，制定出台更具有针对性和可操作性的优惠政策，通过政策引导、调控作用，促进博物馆文化产品研发又好又快发展。要积极引导、扶持、规范社会力量参与博物馆文化产品研发。鼓励博物馆与社会力量开展多种形式的合作，拓展文化产品研发投资、设计制作和营销渠道。各地要根据实际情况，充分发挥本地博物馆资源、人才和技术优势，形成有特色的经营试点和研发模式，并在项目立项、政策扶持、配套服务等方面给予积极支持。要加快建设一批具有示范带头和产业拉动作用的博物馆文化产品研发项目，发挥示范、带动和辐射作用。

（三）加强馆际合作，扩大博物馆文化产品研发规模

要积极探索建立以省级综合博物馆为中心的区域博物馆文化产品研发网络，有效整合中小博物馆资源，形成群体优势；全国博物馆之间实现资源、创意、市场共享，优势互补、互惠互利的合作机制；发挥好行业协会的作用，开展博物馆文化产品交流、交易和展评活动，推荐优秀博物馆文化产品参加中国驰名商标等的评选，扩大博物馆的文化影响力。构建博物馆文化产品创意设计、研发生产、营销推广、衍生产品等环环相扣的产业链；鼓励在条件成熟的地区建设博物馆文化产品交易中心、创意园区和生产基地，形成产业聚集。

广西中国—东盟文化产业论坛

（四）提高创意设计能力，促进产品升级

要在深入挖掘文物藏品蕴含的传统设计制作技术，传承中华民族精湛传统技艺的同时，充分利用现代高新科技创新技术，在博物馆文化产品研发中积极推广数字技术、图形图像技术、动漫制作技术和新材料技术等，使传统技艺与现代科技有机结合，传承创新，提升博物馆文化产品研发的水平。

（五）加快人才建设

建立健全博物馆文化产品研发在职人员培训和继续教育制度，重点培养博物馆文化产品研发领域的领军人物、创意创新人才、专业技术人才和经营管理人才。鼓励引进博物馆文化产品研发、经营管理、销售等环节的高端人才。完善公平竞争和分配激励机制，鼓励和支持博物馆文化产品研发优秀人才脱颖而出。

关于新时期博物馆功能与职能的思考[①]

（2010 年 10 月）

著名博物馆学专家苏东海先生曾对 1946 年国际博物馆协会成立以来，世界博物馆领域发展和博物馆学演进过程中的一系列分化事件进行了科学梳理，并指出“博物馆发展中的分化与整合不是孤立的，它是博物馆在适应社会发展大环境中产生的分歧，并且形成了两条各有侧重的思想路线：一条是以博物馆功能为基础的专业化路线，另一条是以博物馆职能为基础的社会化路线。当前，这两条思想路线正在新整合理论的整合下进行新的探索和实践”[②]。上述所说“一系列分化事件”中，最引人瞩目的是国际博物馆协会的“分裂”。即由于文化遗产涵盖的范围越来越大，1965 年，在联合国教科文组织的主持下，成立了独立的“国际古迹遗址理事会”，正式与国际博物馆协会相分离，成为专门致力于文化遗产保护的非政府组织。这是文化遗产事业发展壮大后的必然结果。此后，虽然在很多情况下，博物馆专业人员仍然积极参与保护不可移动文物的行动，但是更多的精力集中于博物馆馆舍内的各项业务和自身建设。国际博物馆协会前副主席 P. 博伊兰（P. Boylan）在 1996 年发表的《国际博物馆协会五十年》回忆文章中认为：“将保护世界物质文化遗产的

① 此文发表于《中国博物馆》2010 年第 4 期第 4 页，2010 年 10 月出版。

② 苏东海：《国际博物馆理论研究的分化与整合——博物馆研究的两条思想路线札记》，载《东南文化》，2009。

责任人为地割裂开，是对双方力量的削弱，是国际博物馆协会成立25年间的最为严重的失误。”

量子论创始人M.普朗克（M. Planck）认为：“科学是内在的整体，被分解为单独的部门不是取决于事物的本质，而是取决于人类认识能力的局限性。”科学研究的目的就是要突破人类认识上的一个又一个局限，而要使种种局限性获得根本性突破，就必须注重学术的综合，加强交叉学科的研究。博物馆资源作为人类资源中的一种独特的存在形式，有着自身的包容范畴。“在我们看来，博物馆学曾经、而且现在仍陷在某种理论的僵局之中，它对博物馆自身的密切关注从一定程度上阻滞了我们的反思，无法充分拓展思维、树立更宏伟的规划。当时，我们深感如笼中鸟、网中鱼，所以，作为积极向上的激进派，我们被迫回溯到博物馆之最本源的问题，然后一路逆流而上探究它的功能，诸如收藏、研究、文化传播等等。”[①]传统的博物馆，本质上定义为收藏、展示、教育和研究四大功能。美国著名博物馆学者S.威尔（S. Weil）却认为，博物馆过于强调功能，忽视了它存在的目的，那就是“为大众开放，促进社会发展，并以研究、教育及娱乐为目的”。从真正意义上的博物馆出现到现在，博物馆从贵族、社会名流、研究人员等少数人的古物陈列所、学术据点，到成为人们的“精神的家园”“文化的绿洲”“知识的殿堂”“城市的客厅”“文明的窗口”，经历了深刻的文化演变。

美国博物馆学家哈里森（Harrison）曾在阐述20世纪90年代博物馆观念的文章中指出，新博物馆学的观念是相对于传统博物馆学的观念而言，并尝试对过去的概念作一番全面的检讨与批判。它的

① 弗朗索瓦·科泰等：《博物馆：城市之脉动与激情》，载《国际博物馆》，2006（2），43页。

重心不再置于传统博物馆所一向奉为准则的典藏建档、保存、陈列等功能，转而关怀社区民众与社区的需求，成为博物馆经营的最高指导准则。上海博物馆陈燮君馆长认为，博物馆文化拥有四大力量，即以其民族凝聚力，诉说着民族文化的博大精深、源远流长；以其历史穿透力，演绎着漫长历史的沧桑巨变，岁月坦诚；以其文明渗透力，寻觅着中华文明的悠悠源头、绵绵根脉；以其艺术感染力，守望着精神家园的世代传承，人文自豪[①]。徐忠文先生认为："博物馆是什么？博物馆是历史的终点，更是历史的起点，即人类发展的驿站。它的责任是尽可能地收集、保护好人类前行中所取得成就和过失，更要为人类走向更高的文明提供路标，同时也应是人类心灵得以净化的圣殿。"[②]法国卢浮宫馆长 H. 路瓦莱特认为："今天的博物馆不能仅仅满足于'接待'。今天，博物馆应该在城市生活占据重要的地位，扮演重要的角色，它是公民责任感的工具，是批判精神的孵化器，是品位的创造地，它保存着理解世界的钥匙。当然前提条件是它必须有能力通过各种手段，不仅将这些钥匙传递给它的同道，而且还要传递给所有其他的人。"[③]这些见解表明人们在深入思考博物馆在新时期的功能与职能。

今天，博物馆工作的内容涵盖了整个文化遗产的信息体系和价值体系。"现代意义上的博物馆从其诞生起就肩负了很重的社会责任。如果说博物馆从'贵族化'到'平民化'，用了 200 年的时间，那么，随着世界上全球化、社区化、信息化、网络化、数字化和个性化特点的显现，博物馆正在与时俱进，走上现代化的探寻之路，其中最主要的莫过于博物馆文化的创新和发展。"长期以来，"博物

① 陈燮君：《博物馆——守望精神家园》，载《人民政协报》，2009-09-14（C4）。
② 徐忠文：《走出博物馆免费开放后的迷茫》，载《中国文物报》，2009-02-20（6）。
③ 曹静，黄玮：《世界文明的高处相逢》，载《解放日报》，2008-03-19（5）。

馆界内部的改革派也一直没有停止探索，他们提倡博物馆要和环境融为一体，博物馆里的遗产要回到遗产地去，他们掀起了新博物馆学运动和生态博物馆学运动，博物馆要进入生活之中，要为社会服务”[①]。这个问题也引起了联合国教科文组织的重视，目前国际博物馆协会与国际古迹遗址理事会，这两大文化遗产保护领域的国际组织，在越来越多的领域加强合作，也使博物馆在保护不可移动文物中发挥出更大作用[②]。对此，苏东海先生指出:“研究博物馆在适应社会发展中出现的分化与整合是博物馆发展研究和历史研究中有价值的课题。”“现代博物馆在价值取向上的最大变化就是推倒思想围墙，使博物馆勇敢地融入社会发展的洪流中去，面向社会大众，表达他们在文化上的企盼；面向城市生活，展示文化的多样性；面向发展着的实际，不断地更新理念。”[③]

近年来，我国博物馆界始终关注社会现实、跟踪社会热点，先后针对博物馆与环境、博物馆与全球化、博物馆与无形遗产、博物馆与文化多样性、博物馆与社会变革及发展、博物馆与科学发展观、博物馆与社会和谐等课题进行积极探索。随着经济社会的发展，公众对文化的需求呈现出多样化、多层次的状态。各级政府也开始将更多关注的目光投向全体公众基本的文化权益和基本的文化需求。在这一背景下，博物馆的概念也应随着公众需求的多样化而扩大，不断创新博物馆文化的展现方式，提高博物馆文化的服务能力，不仅文化遗产领域所有的信息都可能被纳入博物馆文化之中，甚至博物馆本身也成为地区文化活动的核心。“实际上，在过去几年的不断

① 曹兵武：《关于博物馆的核心价值》，载《中国文物报》，2007-12-28（6）。
② 涂小元，田家馨：《浅析博物馆与城市文明的关系——兼论博物馆保护文化遗产的作用》，载《携手 2010：宁波国际博物馆高峰论坛》，84 页。
③ 陈燮君：《博物馆——守望精神家园》，载《人民政协报》，2009-09-14（C4）。

尝试过程中，我们总结出一个观点，即实践博物馆学理论的最有意义的方式是保证给予文化交流和多学科组合以更大的空间，同时真正地吸引更多的人就我们的研究对象进行讨论。在这层意义上博物馆学是个纳百川之流、聚四海之智而非故步自封的领域。”“我们所要倡导的是由博物馆所引导的一种特有的文化，它不仅仅只被理解成城市过去的标志和记录，局限于展示城市文明原有的发展进程，而是要打破对博物馆功能理解的禁锢，将它看作城市文明的推进者和引导者，鼓励其搭建文化多元性展示的舞台，利用特有的资源和方式，为城市乃至社会提供精神文明的有力支持”[①]。

著名物理学家 W. 海森伯（W. Heisenberg）指出：“在人类思想史上，重大成果的发现常常发生在两条不同的思维路线的交叉点上。”学科交叉点往往就是科学新的生长点、新的前沿，最有可能产生重大的突破。国际博物馆领域曾经历“从整体走向分化”，而在新的历史时期，人们期待重新“从分化走向整合”。“在现实需要的面前，以专业化为基础的主流博物馆的改革与以社会化为基础的改革日益融合起来。两者并非对抗的矛盾，是可以相容的，从两者的对抗到两者的包容是理论日益成熟的表现。”[②] 国际博物馆协会根据新的形势，确定 2008 年“国际博物馆日”的主题为：“博物馆：社会变革与发展的动力”。这一主题，从更高层次上明确赋予博物馆的社会责任，从而要求博物馆进一步增强使命意识、责任感和自觉性，努力完善自身功能，充分发挥社会教育和文化传播职能，更好地为社会及其发展服务。既保证博物馆的本质，又向更多的公众开放，

① 朱莉，丁燕：《博物馆：城市文明的践行者》，载《携手 2010：宁波国际博物馆高峰论坛》，109 页。
② 苏东海：《国际博物馆理论研究的分化与整合——博物馆研究的两条思想路线札记》，载《东南文化》，2009（6），12 页。

提供更加丰富的知识经验，这是当前博物馆面对的一个挑战。因此，需要不失时机地运用“融贯的综合研究”方法，科学地揭示博物馆的本质特征，进一步认识博物馆学科的重要性和科学性，从更大的范围内和更高的层次上提供相关理论框架，揭示其内容的广泛性和错综复杂性，从而对博物馆文化资源的丰富内涵和外延深度做出创新辨识。

吴良镛教授于1989年创立了“广义建筑学”理论，提出采用“融贯的综合研究”方法，扩大相关学科的概念和视野，推动学科的不断进步。他认为：“融贯的综合研究”方法的理论框架，并非一般意义上的“跨学科”，而是以某一学科为中心，有目的地向外围展开，在有关科学中寻找结合点，以解决有关具体问题。这样既可以扩大原有的知识领域，又比在目的不明确的情况下，一般地从多学科间的交叉来探索更为集中，因而有可能将学科的发展推向更高的层次。今天，博物馆具有开阔前景，充满发展机遇。面对博物馆领域呈现出的发展变化，通过深刻领会广义认识理论的时代意义，运用“融贯的综合研究”方法，深入思考博物馆概念内涵的深化和外延的扩展，准确把握新时期博物馆事业的发展趋势，正确处理博物馆学科与其他学科的各种关系，探求博物馆文化体系的完善，从更广阔的视野、更深入的角度，分析和梳理文化遗产保护与博物馆发展之间的内在联系，更加多样化地理解博物馆的功能与职能，评价博物馆的社会价值，探索新的博物馆类型和相应的发展方式，强调博物馆事业“整体的观念”，将传统的博物馆理论扩展为全面发展、兼容并蓄、动态开放的博物馆理论，实现博物馆事业的健康发展。

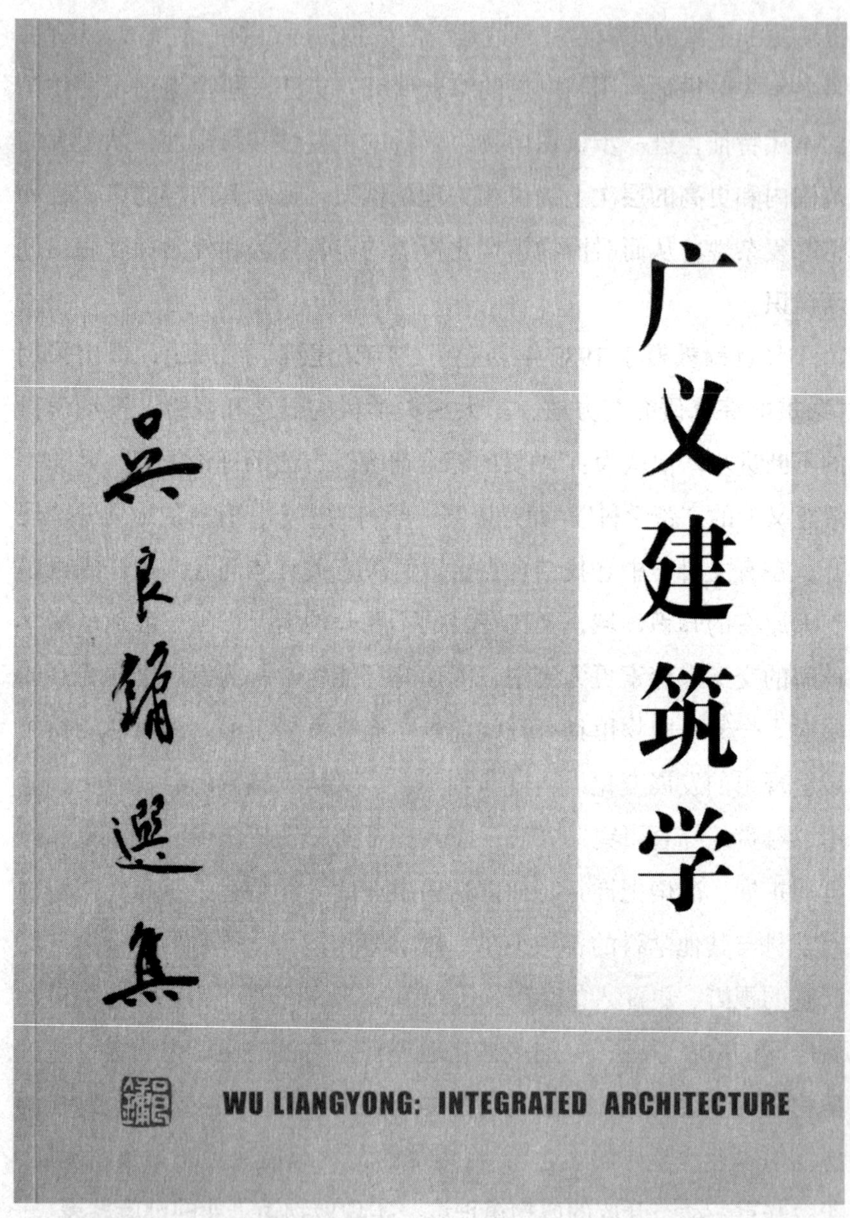

广义建筑学

今天，面临城市化加速进程，大规模城乡建设持续展开，人类社会珍贵的文化记忆在以前所未有的速度消失。在此情况下，博物馆不能再囿于过去所形成的传统框架，不能再将博物馆的活动空间和影响范围，循规蹈矩地限定在馆舍之内或有限领域，而应该创建和拓展出更大的空间和更宽的区域。博物馆反映着城市的文化形象，表达着城市的文化精髓，在广大民众中扮演着不可或缺的角色，这表明博物馆的结构已经日趋复杂和多元，博物馆事业的领域，不仅在博物馆的建筑群内和人工制品之间，而是涵盖整个城市生活领域，包容作为整体的文化遗产。同时，在传统意义上，博物馆无一例外地集中反映历史变迁，对现在状况和未来发展则往往不感兴趣。如今博物馆与人们现实的生活联系日益紧密，博物馆类型和文物藏品内容都已经发生变化。人们不仅要“为今天而收藏昨天”，而且还要更多地关注人类的“今天”和“明天”，“为明天而收藏今天”。当越来越多的现代和当代文物成为博物馆的藏品和展品，将进一步拉近

英国巴斯城市博物馆

广大民众与博物馆的时空距离，增强亲和力和影响力。事实上，在人类生存环境演进和城市生活变迁中，过去、现在和将来，往往浑然一体，过去的遗存、当代的生活和未来的迹象，往往同时呈现于社会生活之中。因此，博物馆文化不应仅记录过去，还应反映现代和未来发展。

今天博物馆的核心价值，是从保护文物藏品到保护文化遗产，再到服务社会，进而向参与推动社会变革的神圣责任回归，这是人类在现代博物馆诞生二百多年后的历史选择，是人类在进入全球化时代后的理性决策，是对博物馆具有永久意义的真理原则与价值原则的科学诠释，更是对要成为“一个在保护世界文化遗产和自然遗产方面令人尊敬的声音”卓有成效的履行。为此，董贻安先生提出“博物馆大资源观”的观点，认为博物馆大资源观应该是站在 21 世纪和全球化的高度，在对我国和世界博物馆资源比较研究的基础上，建构起由有形和无形形态组合的整体框架。从本质上讲，博物馆大资源观就是运用广义认识论，以大世界、大时代、大思维、大构建、大手笔实现对博物馆资源的不断认知。其既是一种方法，也是一种境界，更是一个进入到深层次的思维方式。旧址博物馆和遗址博物馆，将保护对象扩大到不可移动文物，突破了人们头脑中传统博物馆固有的拥有一定藏品和特定馆舍建筑的概念；生态博物馆和社区博物馆，将保护范围扩大到文化遗产留存的区域，并引入社区居民参与管理的方式，同时寻求文化遗产在未来的延续和发展；数字博物馆，突破空间和时间的藩篱，在更广阔的范围，在任何时间和任何地点之间穿梭连接，促进博物馆文化的影响和传播。

新时期博物馆文化发展目标，将从满足广大民众日益增长的文化需求，拓展到保障广大民众的基本文化权益，再拓展到让广大民众共享文化发展成果。这是“以人为本”理念在博物馆领域的体现。博物馆存在的前提是文物藏品，但是在博物馆的物质资源中蕴藏着丰富的人类文化精神。“博物馆文化的精髓不是留恋过去和固有，而是探索、发现和创新未知与未来。它用物化的‘往事’启发来者，哺育新生。”[①] 因此，不能认为博物馆只是文物的积累，藏品的仓储，历史的收藏，静态的展示。同时，博物馆还应努力站在时代的前沿，催生人们对美好生活的向往，催生社会崭新的艺术、道德、观念和行为。如果仅是见物不见人，就如同人没有灵魂一样，只能是博物馆文物藏品的堆积。“博物馆绝不是杂货铺，也不是古董店，博物馆是展示文明的窗口，是讲故事的场所，是还原历史的地方。”为此，必须挖掘博物馆的文化内涵和文化精神，以展现民族文化的伟大创

德国科隆罗马日耳曼博物馆

① 彭俐：《博物馆引领时尚》，载《北京日报》，2010-02-21（12）。

造力和生命力。博物馆藏品涵盖着物质和非物质文化遗产两大因素，“物和非物都成了博物馆的保护对象，博物馆已经从收藏人类不断消灭的物，变为保护收藏人类不断变化的文化精髓，成为人类长河中的一道堤坝，守护着日渐消失的文明，传承着古老稀有的习俗”。这是一个崭新的理念，对博物馆的收藏、研究和展示都具有重要的启迪作用[①]。

历史长河滚滚向前，社会发展生生不息，人类在这颗蓝色星球上的文化创造也必然永不停歇。今天的时代亦将成为明天的历史。博物馆作为当今社会重要的文化机构，必须对城市化、信息化和全球化时代做出积极回应，重新检讨博物馆在信息化时代与学习型社会中的角色定位，实现博物馆功能与职能的不断扩展。博物馆社会化不仅可以丰富城市文化内涵和提高大众艺术品位，而且可以使原本就属于全社会的宝贵遗产，更好地为全社会的发展服务。在社会多样化需求面前，博物馆应改变坐等观众上门、坐等财政拨款的办馆观念，不断拓宽视野，不断延伸功能，从“文物藏品导向”转向“社会需求导向”，从“文物藏品为本”转向“以人为本”，通过特色化、生态化、社区化和人性化发展，用丰富多彩的精神成果，全方位为社会服务，满足大众需求，焕发自身活力。在积极倡导博物馆从“馆舍天地”走向“大千世界”的同时，必须更加注重博物馆从“数量增长”走向“质量提升”。通过审视影响和制约我国博物馆发展的瓶颈，探索面向未来的科学发展之路，包括努力建设符合我国国情的博物馆法律法规体系，努力建设适合我国博物馆布局和类型特点的管理体制，努力建设保障广大民众文化权益的博物馆社会服务机制，努力建设保证博物馆事业得以持续发展的人才队伍。

① 袁仲一：《“博物馆话题”读后》，载《中国文物报》，2010-03-03（4）。

国家的繁荣富强必然带动博物馆事业的跨越式发展。随着博物馆事业的发展，博物馆文化在国家文化体系中，发挥着日渐强大和潜移默化的软实力作用。博物馆文化已经深入到社会的各个领域、各个行业以及各个阶层之中。面对这样的形势和局面，博物馆界必须及时调整思路，审时度势，牢牢把握博物馆未来的发展趋势。经济全球化、政治多极化、文化多元化、社会多样化已成为当今世界发展的大趋势，而时代的主旋律则是"和谐""共享"和"发展"。时代的主旋律对博物馆的社会价值和社会责任提出了更广、更高的要求，并深深地影响着博物馆的发展主题和方向。从某种意义上说，我们居住的地球也是一座博物馆，每一处文化遗产的幸存，都是人类社会的幸运，珍惜和保护地球上所有属于全人类的文化遗产，是每一个地球人应尽的义务，更是每一座博物馆的应尽责任[①]。博物馆领域是一个开放的体系，只要博物馆存在，就会有新的问题、新的挑战出现，需要不断把握博物馆发展的脉搏，具体问题分析，拿出切实可行的解决办法。博物馆能否在新的世纪真正对人类文明和社会发展产生前所未有的作用，能否成为未来社会中不可或缺的文化资源，能否承担引领文化发展方向的重任，这些已经成为当前明确博物馆前进方向需要深入思考的问题。

今天，人们已经越来越感觉到博物馆文化快速走进自己日常生活的脚步声。近年来，人类对保护文化多样性的觉悟逐渐提高，对文化遗产多样性的认识也逐渐加深，而对文化遗产多样性的认识可带动对博物馆文化多样性的思考。"我国的博物馆从被认为是'城市的名片'，到'城市的客厅'，从'参观'改变为'使用'，从灌入信息到获取信息。"G. B. 古德（G. B. Goode）曾指出："博物馆不在于

① 于海东：《地球也是一座博物馆》，载《北京日报》，2009-05-15（14）。

它拥有什么，而在于它以其有用的资源做了什么。”[①] 博物馆不再是传统意义上的简单的收藏、陈列和科研，而是多元化、多功能的文化设施。博物馆的触角深入到社会的各个领域、各个行业、各个阶层。博物馆的功能和职能也已经大大超出以往博物馆所发挥和所承担的责任与义务，博物馆不但参与城市文化发展进程，而且与城市经济社会发展息息相关。历经沧桑的我国博物馆，正在通过自身的不断完善，见证并推动着社会向前迈进。随着社会变革的深化，博物馆功能正在延伸，博物馆价值正在提升，博物馆事业正在壮大。此时此刻，更加需要清醒地分析国际发展趋势，认清自身不足，在博物馆事业发展中避免追逐功利之风，坚持从现实国情出发，从夯实基础做起，从社会需求实践，真正使博物馆成为开启公众智慧的钥匙，创新思想观念的源泉。当前，我们面临博物馆事业前所未有的发展机遇期，必须抓住这一历史机遇，我国博物馆事业才能取得功在当代、利在千秋的辉煌成就。

① 陈同乐：《后博物馆时代》，载《东南文化》，2009（6），6页。

关于博物馆的社会职能[①]

（2011 年 2 月 28 日）

今天，人类生活在一个非同寻常的快速变革的时代，变革影响到每个国家、每个城市、每个社区的方方面面。全球化也带来了新的挑战，由于变革速度加快，知识、财富和权力在快速转移，思潮、理念和观点也在快速变更。在这一背景下，博物馆面临着正确理解自身价值以及重新定义自身功能和职能的任务。事实证明，任何一座博物馆都不可能独善其身，必然参与到全球变革的进程中来，面临着各种挑战和选择。这些新的挑战和选择，也给博物馆提供了分享国际社会经验、完善自身功能和职能、加强能力建设的机遇。

一、国际社会博物馆定义的变化

人类先具有收藏宝物的意识和行为，而后才有博物馆的出现。无论在中国，还是在西方的文化发展历史上，博物馆都称得上源远流长。在我国，博物馆收藏的早期形态可以追溯到夏商时期；而在西方，博物馆的萌芽可以远溯到古希腊、古罗马时期。由于博物馆的建立与发展具有漫长的历史，因此不同时代人们对于博物馆的理解不尽相同，关于博物馆功能与职能的定位，也随着时代的发展而不断变化。在博物馆发展的雏形阶段，人们把博物馆只作为名器重

① 此文发表于《中国文化遗产》2011 年第 1 期第 8 页，2011 年 2 月 28 日出版。

宝的收藏所。“这时的博物馆还只是特权阶级的活动场所，它们总是与‘奇珍异宝’联系在一起，帝王在此显示自己的权力，教会在此释放神的力量，贵族在此展示自己的财富，贵妇人也在这里炫耀自己的时装。所有的一切如同一个上流社会的沙龙。”[①] 到欧洲文艺复兴时期，古代希腊、罗马的古典遗物受到重视，出现了搜求、研究古物的热潮，博物馆不仅保藏古物，而且对古物进行研究与探讨。但是，在这一时期，无论是皇宫、王室，还是寺庙、教堂，对藏品的收集、交流和展示，仍然仅仅是较小范围私人性质的行为。直到19世纪末，人们开始将博物馆看作“博览兼收、益智集思”的机构；20世纪初，博物馆被视为“高阁广场、罗列物品、古今兼备、纵人观览”的设施；20世纪30年代，博物馆发展为一种文化机构，不再是专门用来保管宝物的仓库，而是以实物进行教育的组织，是探讨学问的场所[②]。

第二次世界大战以后，博物馆学研究一度呈现出繁荣景象，西欧、北美、日本均有一大批研究成果问世。例如联邦德国出版了《未来的博物馆》，美国出版了《寻求有用的未来博物馆》《危机中的博物馆》，日本出版了《博物馆学纲要》，前苏联出版了《苏联博物馆学基础》等有影响的博物馆学方面的专著。1977年，英国学者K. 赫德森（K. Hudson）所著《八十年代的博物馆——世界趋势综览》一书由联合国教科文组织和伦敦麦克米伦出版有限公司出版，该书从博物馆资源、藏品保护、博物馆建筑、博物馆及其观众、人员的选择与训练、博物馆管理等方面，对当代世界博物馆及未来博物馆发展进行评论，在国际博物馆界产生了较大影响[③]。1946年11

① 刘克成：《到博物馆去》，载《建筑与文化》，2007（2），10页。
② 于萍：《博物馆与博物馆文化传播》，载《丝绸之路》，2009（18），92页。
③ 张桂华：《博物馆学研究趋向探析》，载《丝绸之路》，2010（6），94页。

月，国际博物馆协会（ICOM）在法国巴黎成立，成为世界上唯一代表博物馆和博物馆专业人员的国际组织，也是国际博物馆界最有影响的组织。国际博物馆协会致力于在世界范围内鼓励并支持各类博物馆的建立、发展及专业管理；增进对博物馆在为社会及其发展服务中的性质、职能及作用的认识与了解；组织不同国家博物馆之间及博物馆专业工作人员之间的合作与互助；代表、支持并增进博物馆各类专业人员的利益；增进并传播博物馆学及其他有关博物馆管理及运转规则的知识，规范博物馆道德的标准。

在最初的《国际博物馆协会章程》中，第一次提出了规范的博物馆定义，即“博物馆是指向公众开放的美术、工艺、科学、历史以及考古学藏品的机构，也包括动物园和植物园，但图书馆如无常设陈列室者则除外”。同时，国际博物馆协会将博物馆与保护不可移动文物结合起来，要求博物馆在保护不可移动文物中发挥出更大的作用。然而，“国际博物馆界的认识分歧从国际博物馆协会一开始建立就产生了”。“这个定义在领导层中产生了分歧，争论的焦点在于那些不以藏品为中心的机构。如动物园、植物园、图书馆陈列室应否算作博物馆。”苏东海先生评价说：“现在看来，那时只对机构膨胀持否定态度，并没有认识到第一个定义引发的机构之争，实际上正是博物馆改革的一个新思想的开端，体现了博物馆走向社会最初的一种努力。”[①]20世纪50年代，博物馆开始被视为“科学研究机构、文化教育机构、物质文化和精神文化遗存与自然标本的主要收藏机构。由此不难看出，早在20世纪前叶，国际领域对于博物馆功能与职能的认识，已经开始上升到科学研究、文化教育等公益性层面。

① 苏东海：《国际博物馆理论发展中两条思想路线札记》，载《中国文物报》，2010-06-16（6）。

随着经济社会的发展与变革以及新情况、新问题的不断涌现，博物馆的功能与职能不断拓展。1960 年 12 月，联合国教科文组织大会第 11 届会议在巴黎召开，会议通过的《关于博物馆向公众开放最有效方法的建议》中指出："'博物馆'一词系指以公众利益予以管理的任何永久性机构，其目的在于通过各种方式保护、研究、增加，特别是为娱乐及教育之目的向公众展览具有文化价值的成套物品和标本，即艺术、历史、科学、技术藏品、植物园、动物园及水族馆。"这一建议充分肯定了博物馆的普及教育功能。1965 年 6 月，在联合国教科文组织的帮助下，国际古迹遗址理事会在华沙召开了成立大会，并于 1971 年正式与国际博物馆协会相分离，建立了一个新的致力于文化遗产保护的非政府组织。于是国际古迹遗址理事会摆脱了博物馆传统职能的束缚，得以不断地扩大自己的职能和影响。同时，国际博物馆协会也在调整博物馆功能和职能方面进行探索。1968 年 7 月在科隆和慕尼黑召开的国际博物馆协会第 8 届全体会议强调"应把博物馆视为真正向研究开放的机构，而不是一些传统的'堂皇的隔绝'理论的支持者，或是一种私人领域"。1971 年 8 月在巴黎和日内瓦召开的国际博物馆协会第 9 届全体会议的主题是"博物馆以人为本，今天和明天：博物馆的教育和文化角色"。

1972 年，在联合国教科文组织的支持下，在当时国际博物馆协会主要领导人的倡导和推动下，国际博物馆协会在智利首都召开了著名的"圣地亚哥圆桌会议"，目的在于反思博物馆的社会作用，讨论博物馆如何对社会全面渗透的问题。该次会议除了有博物馆方面的专家外，还邀请了一批教育、文化、科学机构的学者出席。这些不同领域的专家学者将博物馆引入社会改革与发展的大环境中去思考博物馆改革之路。H. 戴瓦兰（H. de Varine）指出："本次会议应该被视为一座将两个不同领域的科学家联系在一起的桥梁。”经过深入讨论，会议提出了关于“整体博物馆”概念。这一新的博物馆概念远远超出了对传统博物馆的固有认识，而是将博物馆与社会“整合”在一起。所以博物馆史专家认为，“圣地亚哥圆桌会议”所形成的“整体博物馆”思想，第一次将一个新博物馆学运动公之于众，并引起国际社会的关注。“新博物馆”，或称新类型的博物馆，例如生态博物馆、社区博物馆、邻里博物馆、地区博物馆、整体性博物馆等，它们的核心特征有很多相近之处，其所依据哲学通常被人们称为“新博物馆学”。“圣地亚哥圆桌会议”所通过的《圣地亚哥宣言》，虽然没有使用“新博物馆学”的名词，但是其基本原则已基本确立。

1974 年在丹麦哥本哈根召开的国际博物馆协会第 10 届全体会议，主题是“博物馆和当今世界”。这次大会决定了国际博物馆的未来，所有与会者都清楚地意识到《国际博物馆协会章程》已经不适应博物馆的发展，不能再代表国际博物馆协会的真正目标，为此，决定对博物馆的定义进行修改，由此产生了新的章程及其新的定义，给予博物馆更多面对社会、面对未来的新的意义，即“博物馆是一个为社会和社会发展服务的不以营利为目的的永久性机构，它向公众开放，以研究、教育、欣赏为目的而征集、保存、研究、传播和展出人类及人类环境的物证”。上述定义获得通过，被看作各方面都认可的结果，保持了博物馆不同思想路线的平衡，保持了博物馆的平稳发展。虽然这个表述框架一直存在争议，但是一直沿用至今。1974 年的博物馆定义，明确地规定了博物馆的属性：一是博物馆不以营利为目的；二是博物馆属永久性社会公共机构；三是博物馆的主要功能为征集、保存、研究、传播和展出人类及人类环境的物证。这一定义赋予博物馆更宽泛的功能，这种功能带有永久性和公益性的特征，特别是“人类及人类环境的物证”涵盖了人类在历史发展过程中创造的所有物质文明和精神文明。同时，定义中所述机构包括：隶属图书馆和档案馆的库房和展览厅；在搜集、保护和传播活动方面具有博物馆性质的考古学、人种学和自然方面的遗迹和遗址及历史遗址、遗迹；陈列活标本的机构，如动物园、水族馆、动物饲养场或植物栽培所等；自然保护区；科学中心和天文馆。

国际博物馆协会1974年的博物馆定义所表达的“为社会和社会发展服务”的战略方向，将博物馆从自我封闭引向开放。“博物馆要生存、要发展就必须适应社会大环境的发展。在现实需要的面前，以专业化为基础的主流博物馆的改革与以社会化为基础的改革日益融合起来。两者并非对抗的矛盾，是可以相容的，从两者的对抗到两者的包容是理论日益成熟的表现。”①长期以来，博物馆的研究以藏品为中心。随着博物馆事业的发展，人们开始认识到藏品并不是博物馆的一切，而更应该提倡“以人为本”。但是，起初博物馆对“人”的关注，主要表现为对观众的关注。而1974年博物馆定义所提出的博物馆“为社会和社会发展服务”的宗旨，体现出博物馆对社会的关注，实际上就是更广泛的对“人”的关注。博物馆对“人”的关注与对“物”的关注并不应相互排斥，而应是相辅相成。从可持续发展的观点看，对“人”的研究与对“物”的研究以及对“人”和“物”结合的研究，对博物馆的可持续发展至关重要，也是今后博物馆研究的一个基本出发点。1977年5月，在莫斯科召开的国际博物馆协会第11届全体会议的主题为“博物馆和文化交流”，决定将每年的5月18日定为“国际博物馆日”，致力于促进博物馆与社

① 苏东海：《国际博物馆理论研究的分化与整合——博物馆研究的两条思想路线札记》，载《东南文化》，2009（6），9页。

会公众之间的理解和合作。

1984 年 10 月，新博物馆运动者在加拿大魁北克召开第一次生态博物馆国际学术讨论会，并正式成立了自己的组织“国际新博物馆学联盟”，发表了《魁北克宣言》，新博物馆学的概念得到进一步发展。《魁北克宣言》的序言指出，这一运动表明了博物馆的社会作用和对社会全面渗透的特征。宣言要求国际博物馆社会承认这次运动；要求将生态博物馆、社区博物馆、邻里博物馆和地区博物馆纳入博物馆类型之中；要求在国际博物馆协会内设立国际生态博物馆——社区博物馆委员会。尽管对“新博物馆学”的界定始终存在较大的差异，但是其共同点是以社区为核心的、多学科的、开放型的博物馆思维和实践。1985 年在国际上代表新博物馆学的组织“新博物馆学运动”正式组建。该组织则始终把自己定义为一个“运动”，一个涵盖所有符合博物馆哲学体系和行动方针的学科运动，其内容涉及社会博物馆理论、生态博物馆理论、社区博物馆理论。前国际博物馆协会博物馆学委员会主席 P. 门施（P. Mensch）教授认为，新博物馆学是以社区发展为价值取向的博物馆学，可以说是一种社区博物馆学。它的目标是通过强化某一特定社区的文化特性为其发展做出贡献。在这种思维中，文化遗产的保护和诠释被置于社会行为和社会变革联系之中。20 世纪 90 年代初，“新博物馆学运动”正式成为国际博物馆协会的附属国际组织，承认并遵守《国际博物馆协会章程》和《国际博物馆协会职业道德准则》。

关于博物馆的不同定义，作为数百年来博物馆发展的缩影，展示了博物馆内涵和外延不断变化的过程。功能是“指有特定结构的事物或系统，在内部和外部的联系和关系中，表现出来的特性和能力”。从博物馆的功能演变来看，博物馆在最初创办时，基本都只是

加拿大魁北克文明博物馆

在收藏、保存某种藏品的基础上简单展示，之后逐渐扩展出了研究、教育等功能。从博物馆的内涵方面来看，博物馆已经从早期的收藏、保护、展示珍品的场所，演变为跨越人文和科技等领域，同时将科研、教育等也作为主要职能，通过满足大众的文化知识需求，来服务于社会的公共服务机构。从博物馆的外延方面来看，已经成为涉及文物、艺术、科技、自然等多方面的收藏展示与传播交流机构。这一认识的发展，一方面使博物馆家族的成员变得日益壮大，博物馆的功能变得愈发强大，另一方面也使博物馆内部的不同类别之间，呈现出明显的个性特征。随着社会发展和博物馆自身的进步，人们对于博物馆的性质，尤其是博物馆功能和职能的认识不断深化，博物馆定义也在与时俱进，处于不断修改完善之中。与此同时，出现了许多新形态的博物馆，即“人们很难只是以组织的名称、构成成分和组织结构来简单确定其是否为博物馆”的博物馆，反映出国际博物馆界开放、包容的心态。

二、我国博物馆社会职能的完善

20世纪初，我国博物馆研究与实践尚处于倡导与发轫阶段。对于博物馆功能与职能的认知，可以追溯到1905年南通博物苑的创建。我国近代博物馆诞生与成长之初，正值“教育救国”和“科学救国”思潮涌动之际，其现实的文化诉求引发对博物馆的迫切需求，博物馆被看作“开发民智、救亡图存”的一种文化工具，革命派、改良派都在呼吁中国人自己建博物馆。随着新文化运动蓬勃兴起，民主、科学的观念深入人心，推动了博物馆事业的进一步发展，教育类和科学类博物馆的数量显著增多。此后数十年间，我国博物馆实践处于起步阶段，博物馆研究主要以国外相关理论的引进、传播和本土相关理论的探索为主，其成果也集中于基础理论层面。“如果说蔡元培之《何谓博物馆》等论文可谓中国博物馆学的筚路蓝缕之作，那么陈端志之《博物馆学通论》、费畊雨和费鸿年之《博物馆学概论》、曾昭燏和李济之《博物馆》、杨成志之《现代博物馆学》等论著则代表了这一时期中国博物馆学研究的最高水平。然而，这批研究成果并非立基于中国博物馆事业发展之上，而是在很大程度上局限于借鉴和吸收西方博物馆的理论和实践成果。”[①] 但是，这些研究成果推进了我国博物馆的学科化和规范化，初步奠定了我国博物馆学的基础。这一时期，博物馆被看作一种文化机构，是以实物的论证进行教育工作的组织及探讨学问的场所，而不是专为保管宝物的仓库。

① 侯春燕：《博物馆学研究的“实”与“虚”》，载《中国文物报》，2009-12-02（6）。

江苏南通博物苑

中华人民共和国成立以来，博物馆事业经历了不平凡的历史阶段，获得了令人瞩目的发展。1951 年 10 月，文化部颁布《对地方博物馆的方针、任务、性质及发展方向的意见》，明确提出“博物馆事业的总任务是进行革命的爱国主义教育，通过博物馆使人民大众正确认识历史，认识自然，热爱祖国，提高政治觉悟与生产热情”。1956 年 5 月，召开的全国博物馆工作会议，对于博物馆功能与职能，提出颇具中国特色的“三性二务”理论，即博物馆的基本性质是“科学研究机关”“文化教育机关”“物质文化和精神文化遗存以及自然标本的收藏所”；博物馆的基本任务是“为科学研究服务”“为广大人民群众服务”。此后，关于博物馆定义的讨论始终没有停止，直到 1979 年 6 月，全国博物馆工作座谈会通过的《省、市、自治区博物馆工作条例》中明确规定：“博物馆是文物和标本的主要收藏机构、宣传教育机构和科学研究机构，是我国社会主义科学文化事业的重要组成部分。博物馆通过征集收藏文物、标本，进行科学研究，举办陈列展览，传播历史和科学文化知识，对人民群众进行爱国主义教育和社会主义教育，为提高全民族的科学文化水平，为我国社会主义现代化建设做出贡献。”该条例继续沿用“三性二务”定义博物馆及其功能，同时将科研、教育、文物标本收藏的旧顺序，改为文物标本收藏、教育、科研的新顺序，在这个新顺序中更加突出了文物收藏的地位。

改革开放至今的30年来，是我国历史上博物馆发展最好的时期。随着经济社会的全面进步，博物馆事业进入全新的发展阶段，为传承中华文明、弘扬优良传统、普及科学知识、发展先进文化、构建和谐社会做出了积极贡献。20世纪80年代以来，我国提出了建设具有中国特色博物馆学的设想，并对博物馆的性质、宗旨、功能和任务等问题进行了广泛而深入的讨论，标志着我国博物馆学基础理论的日臻成熟。为了解决博物馆发展过程中存在的问题，规范对博物馆的管理、发挥博物馆的功能、进一步促进博物馆事业的发展，颁布了2005年《博物馆管理办法》，结束了长期以来博物馆管理没有统一规章的历史。办法中首次明确了博物馆的定义，即博物馆“是指收藏、保护、研究、展示人类活动和自然环境的见证物，经过文物行政部门审核、相关行政部门批准许可取得法人资格，向公众开放的非营利性社会服务机构”。近年来，我国博物馆在改革过程中，始终贯穿着对博物馆功能与职能认识的转变，经历了从片面认识逐步到全面认识的一个发展过程，呈现出若干新的变化。

（1）在公立博物馆发展方面。我国博物馆采取文物行政部门行业主管与多主体日常管理相结合的管理体制。总体上可以分为文化文物系统博物馆和其他公立博物馆。文化文物系统博物馆是指由文化文物主管部门管理的博物馆；其他公立博物馆是指文化文物系统博物馆以外的政府部门、高等院校、科研院所、事业单位、国有企业等主体设立的博物馆。目前文化文物系统博物馆以外的公立博物馆有了很大发展，开始广泛分散于科技、教育、体育、公安、规划、国土、测绘、民政、民族、出版、工业、农业、军事、银行等系统和行业之中。总体上来看，公立博物馆主要采用以委托—代管为特征的事业单位管理制度，即国家将国有文物委托给某一级政府或某个事业单位代管，某一级政府或者某个职能部门利用国有文物藏品、国家资金等设立博物馆，作为其下属的事业单位，对国有文物进行代管。今天，由于博物馆设立主体不同，管理主体呈现多元化状态，其“人权、财权、事权”均独立于文物主管部门，仅接受文物主管部门的业务指导和依法监督，即将博物馆的具体业务管理与行业管理加以分离，呈现出分散化管理的特点，管理结构日趋复杂。随着我国经济社会的发展和政策支持力度的加强，我国文化文物系统以外的公立博物馆数量还将继续增加，营利性、非营利性的社会力量参与博物馆事业的程度将更加广泛。

（2）在博物馆管理层级方面。当前我国的博物馆管理普遍采用层级化和属地化管理体制，其优点是便于分清博物馆的隶属关系，方便文物行政部门对博物馆的业务指导和执法监督。在层级结构上，从国务院文物主管部门到县级以上政府的文物主管部门，形成了层次分明的、纵向的分级管理结构，不同层级的文物主管部门拥有不同的管理权限，实现了对博物馆行业的条状垂直管理，体现了管理的系统性和专业性。国家级和省级综合博物馆是我国博物馆体系中的骨干，是博物馆系统的龙头，在文物藏品、管理能力等各个方面均拥有较好的基础，在博物馆领域发挥着重要的辐射作用。近年来，国家和省级综合博物馆相继进行了新建或改建工程，功能作用有了明显提升。相比之下，随着各地经济社会快速发展，地市博物馆也有了较快的发展。地市级博物馆所处范围内地域的、传统的、民族的文化资源往往丰富多彩、千姿百态，蕴含着广大民众朴质的文化传统和浓厚的生活气息，凝聚着各地信仰习俗与行为习惯，反映出一个地方的文化价值观念，在很大程度上增进了民众对传统文化和地方历史的了解，增强人们对地方传统的文化认同感。因此，地市级博物馆往往成为展示地方历史文化的窗口，充分利用文物藏品资源和当地民俗文化素材，发挥其独特的社会教育功能。

（3）在博物馆内容性质方面。中华人民共和国成立初期颁布的博物馆工作指导文件，要求以综合性的地志博物馆为建设目标，即以当地的“自然资源”（包括地理、民族、生物、资源等）、“历史发展”（包括革命史）、“民主建设”（包括政治、经济、文化等方面的建设成绩）等三部分为博物馆的主要内容。这一要求曾对我国的博物馆分类产生过较大影响。因此，一度各地的博物馆大多是以当地的自然资源、历史沿革、经济社会发展为陈列内容的综合性博物馆，而专题性博物馆数量较少。1988 年以前，我国博物馆分为综合性博物馆、纪念性博物馆和专门性博物馆三类，这是中华人民共和国成立以来国家统计部门一直使用的分类方法，这种分类办法简单且便于管理。近年来，我国博物馆在内容性质方面，呈现出多元化局面，特别是专门性博物馆大量涌现，几乎囊括人类生产、生活的方方面面，极大地丰富了博物馆的内容。按照博物馆的性质和基本陈列内容来进行划分，分为历史类、艺术类、科学与技术类、综合类等类型。历史类博物馆基于历史的观点来展示藏品；艺术类博物馆主要展示藏品的艺术和美学价值；科学与技术类博物馆以立体的方法从宏观或微观方面展示科学成果；综合类博物馆综合展示地方自然、历史、艺术方面的文物藏品。总体来说，目前我国科学与技术类博物馆的数量偏少。

（4）在民办博物馆发展方面。中华人民共和国成立初期，我国几乎所有的博物馆均为公立博物馆。改革开放以来，我国的博物馆分为公立博物馆和民办博物馆，即利用或主要利用国有文物、标本、资料等资产设立的博物馆为公立博物馆，而利用或主要利用非国有文物、标本、资料等资产设立的博物馆为民办博物馆。随着新时期文物保护法规体系的逐步健全，在国家层面进一步明确了民间收藏文物的合法权利，“藏宝于民”成为社会各界的广泛共识，民间收藏进入迅速发展时期。近年来，在国家鼓励“个人、法人或其他组织设立博物馆”的政策引导下，民办博物馆建设出现高潮，涌现出数量众多的民间社会力量建立的博物馆和个人建立的博物馆。同时，伴随我国经济的高速发展，国内个体经济的腾飞，以个体经济发展为基础的民间收藏空前活跃，出现民间资本建设博物馆的积极态势，除完全由私人开办经营的博物馆以外，一些具有较强经济实力的民营企业，或出于公益事业考虑，或希望树立企业文化形象，具有进入公益性文化事业的强烈愿望，期望将企业多年的收藏与社会共享，采取民间企业出资、股份制出资、民办公助等多样化的组建形式，逐渐出现一批新型民办博物馆群体，已经逐渐成为博物馆事业发展的一支重要力量。

博物馆的分类是博物馆有效管理的基础。加强对博物馆分类的研究，可以明晰各类博物馆在藏品、功能定位等方面的异同，为理顺博物馆的隶属关系、建立科学合理的管理制度奠定基础。目前，

浙江江南铜屋

全国博物馆总数已超过3000座，初步形成了门类丰富、特色鲜明的博物馆发展新格局。以同一指标体系评估所有博物馆显然有其局限性，因此，对博物馆进行分类十分必要，只有正确分类评估才能真正指导不同类型的博物馆强化功能。近年来，博物馆的资源总量持续高速增长，形成了门类较齐全、分布较广泛的博物馆体系。同时，博物馆的藏品保护、科学研究、陈列展示、社会教育水平也有了大幅度提高，一批功能齐全的国家级重点博物馆相继落成，对我国博物馆整体水平的提高及健康发展起到良好的示范带动作用。国家博物馆、故宫博物院、上海博物馆、南京博物院、湖南省博物馆、陕西历史博物馆、河南博物院、湖北省博物馆、浙江省博物馆、辽宁博物馆以及首都博物馆、重庆中国三峡博物馆、山西博物院等一批现代化博物馆，在基础设施、研究展示、管理运行与社会服务等方面快速提升，已经赶上或接近国际博物馆的先进水平。以国家级博物馆为龙头、省级博物馆和重点行业博物馆为骨干，公立博物馆为主体、民办博物馆为补充，各行业和各种所有制博物馆各具特色、丰富多彩的新格局逐渐形成，博物馆事业规模和社会影响都在迅速扩大，我国正在悄然成为博物馆大国。

重庆中国三峡博物馆

近年来，我国将博物馆建设和管理纳入公共文化体系建设和保障公民基本文化权益体系中并予以高度重视。2008 年 1 月，全国博物馆向社会免费开放工作正式启动，改变了过去我国博物馆实行的以减免费为例外的制度 ，确立了博物馆以免费开放为基本原则的制度。为此，国家财政对免费开放的博物馆实施门票的全额补贴，同时，对于免费开放后博物馆新增加的工作量及费用以及博物馆陈列展览水平提升予以资金补贴。这些免费开放的政策辐射作用十分明显，出现了全国博物馆联动的可喜局面，吸引更多民众开始走进博物馆，改变了一些博物馆冷冷清清的局面，充分发挥了博物馆服务社会的公共文化职能，社会反响良好，达到了政策实施所预期的社会效益。“这种推进博物馆彻底转型、转向的力度，在全世界范围内也是最大的。这种转变，不仅是博物馆运营方式由被动向主动的改变，而且是博物馆调整与社会、社区、学校的关系，以提供动态服务刷新静态守候。”[①] 免费开放使博物馆服务对象从观众拓展到公众，引起了全国博物馆界对改革发展思路的深刻思考，有力推动了博物馆管理体制和运行机制的改革，各地博物馆以免费开放为契机，推动博物馆管理体制改革和机制创新，使博物馆更加充满生机与活力，更加融入社会、惠及民众，从而使博物馆的功能和职能得到充分发挥。

我国博物馆的发展变化，不仅充分表现在博物馆数量的增长、藏品的增加、展览水平的提升和影响的扩大，更突出地体现于博物馆管理理念和水平所发生的明显变化。中华人民共和国成立初期的博物馆，更像庄严肃穆的课堂，在当时社会过渡和社会改造的历史背景下，博物馆带有很强的使命感，更侧重于思想教育。新时期的博物馆作为向公众开放的非营利性常设机构，在为教育、研究、欣赏的目的而征集、保护、研究、传播并展出人类及人类环境的物质及非物质文化遗产的同时，更加强调“以人为本”和为社会及其发展服务的方向。尽管在过去的 60 年间，我国博物馆事业取得了举世瞩目的辉煌成就，但是也应该清醒地认识到，博物馆事业的全面、协调、可持续发展，仍然面临着诸多突出问题，例如博物馆的布局和结构不够合理，文化资源的利用效率不高，专业化人才的数量不够，公众对博物馆的参与热情不足，博物馆对政府的依赖性过强，资金来源和投入渠道过于单一，馆际之间的交流合作不够广泛，博

① 陈同乐：《后博物馆时代》，载《中国文物报》，2010-01-13（6）。

物馆文化特色不够突出等。这些问题的存在，在一定程度上制约着我国博物馆功能的发挥，使我国博物馆的发展水平和国际竞争力与发达国家相比还有相当的距离，亟须通过博物馆的体制机制改革，来保障和促进博物馆的科学发展。

经过多年来的发展实践，我国博物馆事业在理论、政策、方法以及实践方面都取得了可贵的经验，出现了许多新的理论，开辟了一些新的领域。在今天这个伟大的变革时代，博物馆事业应与时代同行，不断创造新的博物馆奇迹，用持续发展的辉煌成就，为人类社会进步和可持续发展做出应有贡献。为此，博物馆应根据内外因素的变化，根据社会条件和社会需求，以博物馆全面免费开放、努力纳入国民教育体系为契机，丰富和拓展博物馆工作的疆域，总结博物馆实践的成功经验，在继承的基础上，对文化资源进行重新整合，设定新的发展目标。当前，文化自觉成为人们的文化追求，这是一种深刻的文化觉醒、一种广阔的文化境界、一种执着的文化思考、一种具有高度人文关怀和社会责任感的文化理念。各级政府有了文化自觉，就能将博物馆事业发展作为重大战略事项加以推动；广大民众有了文化自觉，就会产生旺盛的文化需求，主动参与博物馆文化建设，享受博物馆文化生活。在新的时代，博物馆应该成为城市文化进步的积极力量，成为加强社会教育的积极力量，成为改善民生的积极力量，成为促进社会发展的积极力量，这些目标的实现既是博物馆核心价值与社会责任的体现，也是新时期博物馆功能与职能的完善。

三、新时期博物馆社会职能的扩展

世纪之交，随着社会的发展，博物馆的外延不断延伸，内涵不断丰富，新的观念开始被注入原有概念当中，人们逐渐探索博物馆事业发展进程中更为核心的问题。近10年来，全球范围内博物馆的工作重心在悄然发生着转移，在很多情况下，博物馆成为推动城市发展的新文化势力，开始以各种姿态呈现。一方面竭力促进博物馆事业的发展，另一方面努力探索博物馆学科的更新。国际博物馆界开始摈弃独善其身的博物馆发展观念，并在坚守博物馆核心价值的前提下，使博物馆文化与经济社会发展和民众生活之间建立平衡与和谐的关系，使弘扬博物馆文化成为社会共识。博物馆功能与职能的拓展，也使博物馆的社会影响力越来越大，改变博物馆在民众文化生活中的地位，使博物馆文化能够惠及全体民众。同时，也在博物馆领域逐渐树立这样一种理念，即在新的世纪里，博物馆不能只满足于传统的功能定位，而是要将自身的建设与发展，融入社会发展的总体进程之中，定位于"参与社会变革的重要力量"。让博物馆文化融入社会生活的方方面面，充分体现出时代进步的文化理念，实现由"仓库看门人"到"文化加油站"的转变，担负起新的历史使命，实现国际博物馆协会所倡导的"博物馆不仅是旧遗产的投影机，还应成为新文化的发生器"。

近年来，国际博物馆界对博物馆的功能提升和职能扩大进行了深入思考，创新理念不断涌现。博物馆学专业委员会主席特丽萨（Teresa）在任期间提出"整合性博物馆"的概念，她在论文中指出："现在，再也不可能把传统的典型的博物馆作为唯一的、一般模式和唯一参照。现在提倡博物馆学的调和，将会把现存的理论和实践的许多积极的方面整合起来。博物馆面临着以下五个方面的扩大。①博物馆概念的扩大，把博物馆看作一种现象而不仅仅是一种机构。②物品概念的扩大，超越了人类的'创造物'而包容了人类社会及自然环境之间的所有证据，收藏行为要作为发展的一个优先因素考虑。收藏不是手段而是博物馆的一种最终目的。③遗产概念的扩大，超越了有形文化遗产，包含了文化的无形证据。④社会概念的扩大，包含所有人类群体平等地融入博物馆中。⑤发展与可持续性概念的扩大，21 世纪必须研究发展的多元模式共生的可能性、可持续发展的不同模式。”整合性博物馆从传统博物馆几个世纪以来积累的丰富经验和资源中获益，体现出从整体到分化，再到新的整合的辩证关系。她在论文中提出：“希望整合的博物馆概念能够明确地融入博物馆学的知识中；希望社区的有效参与，包含收藏；希望其他形式的文献和保护能够被接受；希望超越了学术知识的其他形式的知识价值能够被博物馆学所接受。”

德国科隆恩斯特博物馆

国际博物馆协会副主席 A. 加拉（A. Galla）倡导“包容性博物馆”的理念，强调对博物馆功能与职能进行整合，他在《寻找包容性博物馆》一文中指出："当前博物馆出现了几个发展动态，预示着博物馆将更具包容性。对参观者的包容性要超越高雅文化和大众文化的分隔，技术科学的与日常普通之间的分隔，全国的现代和民族地区的传统之间的分隔。要创造一种新的普通形式，那就是普通的包容性。"他认为："博物馆的所有权和使用在概念上的分歧必须在保护个体的和集体的权利的框架下得到整合。"2006 年国际博物馆协会组建了跨文化组织，任命 A. 加拉为主席，开展跨文化的整合。2008 年 6 月，在莱顿召开了第一届国际包容性博物馆会议，"讨论了在这个发生了根本性社会变革的时代，博物馆作为变革的产物和变革的促动者应该发挥什么作用"。无论是特丽萨所倡导的整合性博物馆，还是 A. 加拉所倡导的包容性博物馆，均表明国际博物馆界面对新的发展机遇，活跃思维、开阔视野、提前行动，及时捕捉全球信息，不断跟踪时代前沿，以全世界的经验，以新世纪的思维，以勇于实践的精神，从理论层面对博物馆事业的时代发展给予深入思考，并将研究成果及时用于指导实践，使博物馆事业不断处于积极向上、创新突破的良好势态。

2001 年联合国教科文组织第 31 届大会通过了《世界文化多样性宣言》, 2005 年联合国教科文组织第 33 届大会又通过了《保护和促进文化表现形式多样性公约》，以宣言和公约形式形成的世界性法律文书，总结了文化多样性的理论认识和国际联合行动的准则，记载着国际社会为捍卫世界文化多样性所进行的艰苦卓绝的努力，意味着文化多样性原则被提高到国际社会应该遵守的伦理道德高度。构建国际文化新秩序，需要通过不同文明的对话，就一些基本的问题达成共识。2007 年 8 月，在维也纳召开的国际博物馆协会第 21 届全体会议，通过了最新的《国际博物馆协会章程》，其中再次对博物馆定义进行了修订，即“博物馆是一个为社会及其发展服务的、向公众开放的非营利性常设机构，为教育、研究、欣赏的目的征集、保护、研究、传播并展出人类及人类环境的物质及非物质文化遗产”。国际博物馆协会2007年博物馆定义的变化，反映在博物馆功能和职能的拓展方面。在经过多年广泛讨论的基础上，将博物馆的工作对象由“人类及人类环境的物证”扩展为较宽泛的“人类及人类环境的物质及非物质文化遗产”。从“物证”到“物质及非物质文化遗产”，消除了长时间以来围绕博物馆能否进行非物质文化遗产保护工作的争议，明确了博物馆不仅要继续保护管理好物质遗产，也要调整工作方向、业务流程和工作规范，成为保护、传承、管理非物质文化遗产的积极力量。

福建三坊七巷福建省非物质文化遗产博览苑

宋向光先生认为，2007年的《国际博物馆协会章程》还传递了一个强烈信号，即当代博物馆事业进入了一个快速发展的时代，也处于一个变革发展的时期。在2007年的博物馆定义中，删除了沿用多年的博物馆外延表述，只保留了对博物馆组织目的、性质、功能和工作对象的原则性表述，即“当代公共博物馆的发展进入一个多样化的时代，人们很难只是以组织的名称、构成成分和组织结构来简单确定其是否为博物馆”。“这一调整也说明：只要组织宗旨、身份、目的、任务和主要业务活动的基础和内容符合博物馆的原则规定，并经所在国家博物馆组织的认定，就可以被接纳成为博物馆大家庭的成员。这一做法显然为博物馆组织的创新和革新亮了绿灯，人们不再纠缠于组织名称和构成要素，而是更重视博物馆的组织特性、社会责任和社会效益”①。事实上，由于博物馆在不同国家有着不同的发展模式，长期以来各国均按照各自的认识和理解来定义博物馆。例如美国博物馆协会认为，博物馆是一个有组织的、常设的、向公众开放的非营利性机构，其宗旨是为教育、研究、美学和娱乐服务，收集、保存最能有效地说明自然现象及人类生活的资料，用于增进人们的知识和启蒙教育。日本的博物馆法规定，博物馆是收集、保存、展出有关历史、艺术、民俗、工业、自然科学等资料，供一般民众使用，同时进行为教育、调查研究、启蒙教育等所必要的工作，并以对这些资料进行调查研究作为目的的机关。

进入21世纪，人们看到国际博物馆事业和文化遗产保护事业正在快速融合。国际博物馆协会两次发布战略规划，即2001年《国际博物馆协会2001—2007年战略规划》和2005年《国际博物馆协会2005—2007年战略规划》，都强调要使国际博物馆协会成为“一

① 宋向光：《国际博协“博物馆”定义调整的解读》，载《中国文物报》，2009-03-20(6)。

个在保护世界文化遗产和自然遗产方面令人尊重的声音"，进一步重申了博物馆的核心价值和历史使命，再次明确了博物馆的核心价值在于"对物质与非物质世界的文化遗产保存、延续、交流的义务"，其历史使命在于"在社会上致力于保存、传播和交流目前与未来世界的有形与无形、自然和文化遗产的工作"。今天必须重新思考博物馆和博物馆人的角色定位，超越博物馆是保存文物藏品的机构和博物馆人是文物藏品保存者、保护者和研究者的概念。国际博物馆协会近年来通过的几个决议，都与文化遗产保护这个问题有关。"新整合运动是博物馆界以一种前所未有的大视野，包容了博物馆业内的各种流派，与业外的各种文化机构广泛地建立联系，依托联合国教科文组织的理论支持和组织支持，使博物馆有力地向前发展的一种趋势。博物馆职业道德的新版本，博物馆培训的新方向，都紧跟着这种新趋势。博物馆正以更高的热情联系和服务更广大的观众。这些都是博物馆在艰难改革中出现的新曙光，无疑是令人鼓舞的"[①]。

博物馆是社会文化精品的总汇，是展示国家、民族文化的窗口。文化遗产在博物馆里得到专业的保护、保存，为国内外广大观众享用。传统博物馆的价值和作用，在当代不是弱化而是不断强化之中。同时，由于文化遗产概念的扩大和保护范围的扩大，存在于广大的民间领域的文化遗产的保护日益受到关注。2007年，国际博物馆协会在《2008—2010年战略计划》中进一步强调，"把博物馆人的多样性联结在一起的就是我们普遍奉行的'核心价值'。因此，核心价值实现了多样性的统一，明确了我们的使命和愿景，并确定了我们的'新责任'"。国际博物馆协会主席A.S.康明斯

① 苏东海：《国际博物馆理论研究的分化与整合——博物馆研究的两条思想路线札记》，载《东南文化》，2009（6），9页。

（A. S. Cummins）在《21 世纪博物馆的核心价值与新责任》一文中指出，“我们在《战略计划》中指出，我们的愿景是为‘自然和文化遗产的重要性得到普遍重视的世界’而奋斗”。她进一步强调，国际博物馆协会的核心价值是，重视人类创造力及其对了解过去、塑造现在和规划未来所做贡献的价值；国际博物馆协会认为遗产具有人文价值；重视基于思想、文化和社会多样性的全球对话的价值；重视透明的对话，包括对人权的跨文化理解；认识到博物馆承担着参与有关社会变革的公共事务的社会责任。“我们继续寻找博物馆和博物馆人进行长期交流、分享知识和参与世界遗产管理的途径”[①]。

2010 年 11 月 6 日在上海会见国际博物馆协会主要官员

“在过去很长一段时间中，博物馆学认为文物标本是博物馆的核心，文物的特质决定并影响着博物馆工作的目的、任务、方法和标准，文物标本的‘保藏与利用’成为博物馆学研究的核心课题。

① 阿历桑德拉·康明斯：《21 世纪博物馆的核心价值与新责任》，载《中国文物报》，2008-12-01（6）。

这些认识使博物馆学更多关注于博物馆内部运营体制和工作规范的研究，忽略了对博物馆的组织特点和组织目标的持续关注和反思。”宋向光先生认为，应将博物馆学研究的重点转移到博物馆社会职能实现的条件和手段上。“不能简单地将博物馆视为实现文物标本效用的手段和场所，博物馆是一个有机的社会系统，是在特定社会环境、社会关联中运作和发展的社会机构。博物馆是具有独立性、具有自身特质的社会组织，它的存在是为了满足特定的社会需求，为此而有特定的组织目标、结构和运用机制。”①传统意义上的博物馆更多注重的是保护、研究、教育的职能，往往忽略了博物馆的传播与交流职能。邓肯·格鲁考克（D. Grew Hancock）指出：“如果没有预见、协调与有力的拥护，在这一进程中博物馆可能会沦为边缘化的产物，或者在文化转型范畴中，它们对于社会的潜在贡献会被抹杀，而这些将是很危险的。然而，博物馆对社会变迁和市民参与的逐渐递增的贡献表明，它本身可以在空间规划的事件中扮演更加富有创造性、更为正式的角色。”②

实际上，从博物馆的“收藏”与“保护”的职能定位，到博物馆的“研究”与“陈列”的职能加强，再到博物馆的“传播”与“交流”的职能拓展，与人类认识由注重物质财富，向注重文化内涵、再向注重精神领域的不断进步有关。博物馆定义的每一次变化与调整，都使博物馆功能与职能的概念更为宽广、更为综合、更为深刻。“众所周知，博物馆的藏品是关在馆内的物品，传统博物馆只是征集、保护藏品，使博物馆越来越画地为牢、闭关自守；而‘遗产’的概念则无限大，包括可移动文物和不可移动文物、有形遗产

① 宋向光：《从事博物馆学研究的点滴体会》，载《中国文物报》，2010-03-31（4）。
② 邓肯·格鲁考克：《城市博物馆和城市未来：城市规划的新思路与城市博物馆的机遇》，载《国际博物馆》，2006（2），32页。

与无形遗产、文化遗产和自然遗产。”[①] 今天，博物馆的战略地位，已经成为当代社会文明的显著特征，能否自觉地坚守博物馆核心价值，直接关系到博物馆本质特征和社会职能作用在新时代的全面发挥以及博物馆在新的历史时期的应变力、亲和力、吸引力和感染力以及在社会公众中的形象和作用。从保护文物藏品、保护文化遗产，到服务社会、推动社会变革，是向博物馆神圣职责的回归，也是博物馆在进入全球化时代后的理性决策和历史选择，是对博物馆具有永久意义的真理原则与价值原则的科学诠释。博物馆只有立足自身特色，顺应社会要求，把握时代脉搏，才能够在前行中实现可持续发展。

2008 年 12 月，以“21 世纪博物馆核心价值与社会责任”为主旨的“携手 2010：宁波国际博物馆高峰论坛”在浙江宁波举行。以 A. S. 康明斯（A. S. Cummins）主席为首的国际博物馆协会全体执委参加会议。作为会议的主题，关于博物馆的核心价值和社会责任的讨论引人注目。会议多视角地审视了当前形势下博物馆的社会作用、博物馆与文化多样性、博物馆的国际性与国家性以及博物馆与城市文化等前沿问题。论坛通过的《宁波宣言》指出，当今世界博物馆的外部和内部环境正在经历着复杂、深刻的变化，促使博物馆建立一种全面的价值体系和社会服务范式，以强化博物馆的本质特征，确保其在全球化时代的发展与繁荣。《宁波宣言》认为共存与和谐既是包括博物馆在内的全人类的共同追求，也充分体现了东方式的哲学与文化观；强调文化多样性的存在与发展是人类社会的基本特征。博物馆要更充分地关注全球化、现代化和信息化对社会生产、管理

① 孟建辉：《时代的新需要与博物馆的新价值——以宁波博物馆创新实践为例》，载《浙东文化》，2008 年创刊号，1 页。

模式和民众生活的影响，在避免文化冲突、协调文化矛盾、增进文化包容、鼓励文化创新中发挥更加积极的作用。论坛为随后将在上海召开的国际博物馆协会第 22 届全体会议做了主动、积极、颇为有效的理论铺垫和思想准备，并决定将“博物馆致力于社会和谐”作为国际博物馆协会第 22 届全体会议的主题。

2008 年 6 月 24 日在浙江大运河宁波姚江船闸

今天，如何以国际视野、世纪目标、科学理念和实践精神，在对自身文化资源与整体优势实现优化的基础上，不失时机地寻求与国际先进理念和时代潮流对接的机会，正在成为我国博物馆界有识之士的共识与实践。如今，人们十分欣喜地注意到，正是这种充满思想与智慧的共识与实践，正在不断推动着我国博物馆的现代化进程，使我国的博物馆活跃于国际博物馆界。今天，我国博物馆群体在国家文化领域的作用引人瞩目，在国际博物馆界的影响与日俱增。2010 年 11 月，令人瞩目的国际博物馆协会第 22 届全体会议在上海隆重举行。每隔三年举行一次的国际博物馆协会全体会议，无疑是国际博物馆界最重要的盛事，同时也是世界各国博物馆界相互交流、学习、推进博物馆事业持续发展的重要会议。“博物馆致力于社会和谐”的会议主题，充分表达了国际博物馆界追寻自身精神轨迹的清醒意识。以“和谐”为主题词，更使人们期待能够包容各种分歧，使各类博物馆和谐存在，共同发展。通过和谐发展实现多元文化的展示和传播，使民族文化与外来文化、传统文化与现实文化、高雅文化与通俗文化，在交流比较中互相融合，相互促进，创造文明向上、协调发展的和谐文化，并通过和谐文化的熏陶和哺育，提高人们的境界、情趣、品位，促进人类的素质提高和全面发展。

关于加强旧货市场监管的提案①

（2011 年 3 月）

改革开放以来，我国旧货市场得到了较快的发展，在繁荣经济、促进就业、满足广大民众精神文化需求等方面发挥了积极的作用。但是，由于对旧货市场经营文物缺乏监管，给一些不法商贩利用旧货、古玩等名义经营文物的行为以可乘之机。这种非法经营文物的行为不但扰乱了文物市场的正常经营秩序，更为严重的是为盗窃、盗掘、走私文物提供了销赃渠道，从而诱发更多的文物违法犯罪活动。

为了规范旧货市场管理，打击盗窃、盗掘、走私文物的犯罪活动，国家文物局、国家工商行政管理总局、公安部、海关总署于 1992 年联合发布了《关于加强文物市场管理的通知》，规定旧货市场不得经营 1911 年以前制作、生产、出版的文物，经批准后可以销售 1911 年至 1949 年间制作、生产、出版的文物监管物品。根据上述通知要求，各地有关主管部门对旧货市场和市场内的经营者能否经营文物监管物品进行审批，经批准销售文物监管物品的旧货市场，由主管部门派员进行监督管理，同时加大对违法经营文物活动的打

① 此文为在全国政协十一届四次会议上的提案，联名提案人：詹祥生 王霞 王书平 王立平 龙瑞 田青 冯英 尼玛泽仁 朱乐耕 仲呈祥 刘敏 杜滋龄 李素华 杨力舟 吴玉霞 宋春丽 宋祖英 张健 张海 张会军 张国勇 张学津 阿拉泰 陈力 陈醉 陈祖芬 林文增 赵维绥 侯露 姜昆 秦百兰 耿其昌 贾平凹 夏燕月 徐翔 郭瓦加毛吉 黄济人 董良翚 于魁智 马博敏。

击力度，有力地规范了旧货市场的经营秩序。

2002 年 10 月，新修订的《中华人民共和国文物保护法》颁布实施，明确规定:“除经批准的文物商店、经营文物拍卖的拍卖企业外，其他单位或者个人不得从事文物的商业经营活动。”根据这一规定，原有的旧货市场不能经营文物，其中也包括上述的文物监管物品。在此情况下，文物主管部门停止了相关的经营审批，监管人员也相继从旧货市场中撤出。

但是由于多种原因，各地众多旧货市场中经营文物的行为并未被禁止，一些知名的旧货市场还成为当地政府重点扶持和发展的特色文化产业。由于文物主管部门撤出了市场监管人员，对销售的文物也不再审核，旧货市场中的文物经营活动实际成为监管的空白区。负责旧货市场管理的工商部门，缺乏文物鉴定专业人员，无法对非法经营文物活动进行及时有效的查处；文物部门虽有专业人员，却没有监管旧货市场的法律依据和职能。这就造成了旧货市场虽无经营文物的合法地位，但是很多文物以旧货、古玩的名义在市场中公开销售，部分货品甚至公然标榜是出土文物，对我国的文物保护和国际形象造成了不良影响。

由于旧货市场往往都是自发形成，其中大多数商贩属于小本经营，流动性强，而申请设立文物商店需要具备 200 万元人民币以上的注册资本和 5 名以上取得文物博物馆中级专业技术职务人员等严格条件。如按照《中华人民共和国文物保护法》的规定，要求旧货市场中涉及经营文物的商户全部取得文物商店资质，客观上不具备可行性。如在旧货市场中全面禁止文物经营，一方面市场监管难度大，执法成本高；另一方面也不利于发展繁荣文化市场，满足广大民众文化收藏的合理需求。

因此，就加强旧货市场文物监管提出以下建议。

一、完善旧货市场相关法律法规

建议国家工商行政管理总局就旧货市场文物监管开展立法专题调研，根据实际情况参考山东、陕西等地的相关做法，允许在具备条件的地区设立集中销售文物的旧货市场，在市场中经营文物的商户条件可较文物商店的条件适当降低；认真落实《中华人民共和国文物保护法》的有关规定，进一步明确工商、公安、文物等有关部门在市场审批、监管方面的职能，文物主管部门应在市场中派驻专人监管，并对市场中销售的文物进行审核。

二、建立多部门联合监管和执法机制

建议由国家工商行政管理总局牵头，在现有体制下，加强和相关部门在旧货市场监管方面的协作，对市场监管中涉及的重大问题和重要信息及时通报，开展经常性的多部门联合执法，着重打击在旧货市场中经营盗窃、盗掘文物和走私文物的犯罪活动，加大对经营活动中各种欺诈行为的查处力度，维护正常的市场秩序和广大民众的合法权益。

三、引导实现集中经营

建议商务部指导各级地方政府和相关部门通过审批资质和政策扶持等方式，引导涉及文物经营的旧货市场实现集中经营。一方面有利于节约行政资源，加强市场监管，避免旧货市场的无序发展；另一方面也有利于突出各类旧货市场的经营特色，提升市场的经营规模和管理水平。

在故宫文化服务中心成立60周年庆祝会上的讲话

（2012年12月24日）

值此故宫文化服务中心成立60周年之际，谨向文化服务中心全体员工表示节日的祝贺和亲切的慰问。

故宫博物院是世界著名的博物馆之一，故宫博物院的各个部门都在努力工作，为创造一流业绩而奋斗。文化服务中心作为故宫博物院的一个部门，同其他部处一样做出了应有的贡献。在故宫博物院，文化服务中心不是核心部门，但是却将核心部门的职能加以延伸；文化服务中心不是重要部门，但是却发挥了重要部门的一些作用。

60年来，特别是近年来，故宫文化服务中心，工作有思路、有措施、有成效。你们时刻不忘博物馆的宗旨，社会效益第一，社会效益和经济效益两手都抓，两手都硬，双双取得了良好的效果。你们注重故宫文化产品的研发，每年上市300多个新品种，大部分产品既让观众喜闻乐见又都具有故宫的文化元素，这些文化产品就是对故宫的一种宣传，就是要让游客带走一个不能带走的紫禁城，这也是故宫博物院文物陈列展览的一种延伸。你们的文化产品不仅赢得广大观众的喜爱，还在多个博览会上获得大奖，为故宫博物院赢得了荣誉。你们诚信待人，勇于创新，办好院内店，开拓院外店，进军网上店，销售业绩连年攀升，在全国博物馆行业内遥遥领先。

在国家大力倡导文化产业的今天，故宫博物院文化服务中心已经成为一个不可或缺的部门。希望文化服务中心的同志们牢记使命，努力工作，勇于探索，吃苦耐劳，再接再厉，争取更好的成绩！

博物馆市场营销是一把“双刃剑”[1]

（2013 年 7 月 30 日）

市场营销是博物馆整体内容的重要组成，对于博物馆事业的发展具有重要促进作用。今天，博物馆观众呈现出多元化特征，博物馆市场营销也必然表现出多样化趋势。对于博物馆来说，市场营销是一把“双刃剑”，它既对博物馆的运营和发展起到积极推动作用，同时也使博物馆面临商业化的威胁。因此，博物馆在开展市场营销过程中，如何牢记基本使命和任务，把握正确的理念和尺度，坚守基本道德底线，确保自身的非营利性不受挑战成为必须面对的原则问题。

尽管半个世纪以来，国际上一些博物馆引入市场营销的理论、方法和手段，逐步建立起适应外部环境的管理体系和运作模式，在保持非营利机构的公益性质的同时，立足于市场经济发展现状，多渠道研发文化产品，并将收益回馈于博物馆自身建设，取得了显著成绩，但是，自现代营销学被引入博物馆以来，学术界的争论就始终没有停止，存在着不同观点的激烈交锋。一些专家学者在博物馆市场营销问题上持反对态度，认为商业功能是不体面的，有损于博物馆的标准。一些社会公众对于市场营销的地位与实际作用存在异议，反对将市场营销引入博物馆领域。

① 此文发表于《故宫博物院院刊》2013 年第 4 期，6 页。

专家学者和社会公众的担心和警告并非危言耸听，过度的市场营销给博物馆带来的危害在一些博物馆有所显现。有的博物馆在过度的市场营销中逐渐迷失自我，在经济利益的驱使下，为了满足赞助商的要求，改变了博物馆传统的专业性，一味地迎合社会娱乐消费需求，甚至出现庸俗化倾向；有的博物馆越来越像展览中心，将频繁举办能够取得可观经济效益的特展、大展作为首要任务，而作为博物馆最基本的收藏、保护、研究、教育等功能则逐渐式微。如此过度的市场营销，重经济创收，轻社会效益，将经济利益置于博物馆发展的中心任务，必将导致博物馆在丧失社会公益性的同时，失去存在的意义。

在国际上，蓬勃发展的市场经济行为对传统的博物馆理念和价值观念形成了巨大冲击，质疑之声不绝于耳。1989 年大都会艺术博物馆的一份声明指出，该馆与其他机构的部分研究人员愤怒地表示，市场营销一词意味着艺术将被视为商品，将面临不正当的宣传。一些社会人士强调，市场营销观念必然使博物馆背离其收藏研究和展示文化遗产的传统理念。埃及政府规定不允许外国文化标识在本国文物古迹前出现，否则“到底是在宣传哪个国家的文化”？美国一家全球连锁比萨店曾计划在金字塔前开个分店，结果没有一家中介愿意做此事，那家美国公司只好作罢。

目前在埃及，美国和欧洲的各类快餐店大量涌现，西方国家的商业广告也多如牛毛。政府允许这些外国文化载体出现在城市的中心广场、高层建筑和繁华商业街上，但是绝不允许出现在博物馆内。然而，2009 年 11 月，美国麦当劳快餐公司要在卢浮宫艺术博物馆这座艺术殿堂旁开店，“炸薯条的气味很可能会飘过《蒙娜丽莎》的鼻子”。卢浮宫艺术博物馆方面已经证实这一说法，称同意麦当劳快

瑞典与东方博物馆会谈（2013 年 4 月 3 日）

餐公司开设一家“品质优良”的连锁店与卢浮宫艺术博物馆“形象相符”。继麦当劳成功进驻之后，著名电子品牌苹果店也落户卢浮宫艺术博物馆的地下商廊[①]。

近年来，古根汉姆基金会的博物馆扩展做法，也引发了不同的意见。“在复制文化当道的今天，艺术博物馆亦成为文化商场。作为一个营销品牌，古根汉姆像‘麦当劳’一样野心勃勃，以不断开设分店的扩张方式，营造从博物馆到博物馆群的连锁模式。如此使人难免对其产生文化包揽的‘一言堂’的忧虑。”2006 年 7 月，阿联酋政府与古根海姆基金会达成协议，在首都阿布扎比建造中东地区首个世界级的艺术博物馆。阿联酋是世界第五大石油储备国，阿布扎比以其财富和奢华闻名于世。富有的石油国家希望能提高自己在艺术世界的地位，并为其市民和游客建造世界一流的文化场所，让

① 王嵋:《为求生存——法国博物馆“傍”上名牌》，载《中国文化报》，2009-11-18(6)。

阿拉伯人“足不出中东”即可领略世界文化。

根据阿布扎比政府宣布的一个耗资270亿美元的萨迪雅特岛开发规划，该岛将建成独具特色的文化区，并将在文化区内开设世界五大著名博物馆的分馆。法国卢浮宫艺术博物馆、英国大英博物馆加入了萨迪亚特岛开发规划。这一系列的合作之举，满足了阿布扎比建造文化中心的急切愿望，而世界一流博物馆亦可从阿联酋提供的不菲费用中，得到经费补充[①]。但是，在阿联酋有不少艺术家对此表示不满。例如阿布扎比“第三线”画廊的经营者S. 拉哈巴尔（S. Lahabar）声称，卢浮宫就应该在巴黎，在世界上其他任何地方的都不是卢浮宫。

卢浮宫艺术博物馆管理层认为，向阿联酋出借自己的文物藏品，是博物馆走全球化发展路线的需要，是一个双赢的文化策略。但是，这一看来颇为互惠互利的计划，一直以来却面临着不少非议。卢浮宫艺术博物馆分馆计划一经传出，立即在法国引起轩然大波，遭到法国艺术界的强烈反对，包括数十位博物馆馆长、管理人员和艺术史学家在内的约5000人上书请愿，表示抗议。有人直指法国博物馆出借大量珍贵文物的行为是“出卖灵魂”，怀疑法国政府试图用出借艺术品的方式来换取贸易与外交利益。

2007年1月，包括法国国家博物馆委员会主席F. 加香（F. Cachin）在内的三位艺术界重量级人物，在《世界报》上发表了一篇措辞激烈的文章，题为《博物馆是不能出售的》。文章指出：“这些藏品是我们的文化遗产，不是消费品。”文章认为阿布扎比计划是腰缠万贯的房地产开发商的花招，将使巴黎卢浮宫艺术博物馆每年730万的游客流量有所减少。大约有1400人在网上参加联署，对上

① 静水：《世界一流博物馆“牵手”阿联酋》，载《中国文化报》，2009-08-12（2）。

述文章表示支持。他们当中包括数十位博物馆负责人和艺术史学家。他们敦促政府“不要再把法国的博物馆，看成可以用于政治或经济目的的藏品仓库了”。有人批评法国政府为追求利润不惜牺牲艺术，把法国丰富的艺术遗产当作商业产品。

还有人认为文物特别是国宝级文物不能随意搬动、转让，政府应该保护法兰西文物宝藏的完整性。面对这样的指责，卢浮宫艺术博物馆馆长 H. 路瓦莱特（H. Loyrette）认为当其他博物馆都在走全球化发展路线的时候，卢浮宫艺术博物馆落在后面就会吃亏。“我不明白这有什么可大惊小怪的。钱很重要，但我们的行动并不是为了钱。”同时，作为法国国立博物馆的管理者，法国政府同意提供卢浮宫艺术博物馆的藏品，前法国文化部部长 R.D. 瓦布雷斯（R. D. Vabres）说：“我们没有抛弃博物馆的基本原则，我们只是竭力推动法国文化和艺术在全世界发扬光大。”

大英博物馆与阿联酋的合作之举也遭到了批评。根据合作计划，大英博物馆将协助阿布扎比建设一座国家博物馆，帮助策划展览，并出借其部分博物馆藏品。大英博物馆的合作计划，被指责为正在被公共基金机构所驱使，变得日益商业化。然而大英博物馆对此并不在意，他们对大英博物馆国际影响力的扩展和巨额资金的收益充满期待，在伦敦政府大幅度削减艺术预算的情况下，这项计划为大英博物馆建立 1.35 亿英镑的基金。

拉斯维加斯古根汉姆艾尔米塔什博物馆的陨落，是 2008 年国际博物馆界的一件大事。2000 年 7 月，古根汉姆基金会与俄国艾尔米塔什博物馆合作，实施其“无界限博物馆”主张。博物馆场地分为两部分，一部分为“古典展区”，另一部分是占地更大的称为“宝石盒”的当代艺术临时展厅。不幸的是，“古典展区”部分仅仅运行

7 年，举办 10 项展览后，于 2008 年 5 月关闭。“宝石盒”的寿命更短，开幕仅 15 个月便告夭折，博物馆展厅被改造成为“歌剧魅影”剧院。博物馆闭馆的导火索是经费短缺，消息一经宣布引发博物馆界的热议。评论家责备古根汉姆基金会看到的尽是拉斯维加斯年逾 3500 万游客商机的海市蜃楼，一些媒体则批评古根汉姆基金会将作为非营利性组织的博物馆，安置在以营利为目的的娱乐场所空间内，致其入不敷出。

德国弗尔克林根铁工厂设施设备

今天人们认识到，只有坚守博物馆的文化特质，市场营销才具有良好的发展前景，才会吸引来大量社会资金的关注。但是必须看到，过度强调博物馆市场营销的经济效益，可能会给博物馆本身带来灾难性的影响，将导致博物馆发展过程中追逐经济利益和市场效益的产业化取向，例如对博物馆文化产品随意“打造”和随意包装，对博物馆文化设施随意改造和随意占用，对博物馆文化价值随意否定和随意颠覆，对博物馆文化历史随意涂改和随意扭曲等。如果博物馆市场营销一味地追求商业利益，商业设施和文化产品与博物馆高雅的气质和浓郁的文化氛围格格不入，不仅无法提升博物馆的品位，反而会在社会公众心中造成负面影响，在思想认识上出现偏差。

博物馆市场营销要取得良好成效，就必须坚持博物馆的文化理想，对于市场营销作用的理解不能过于偏颇，对于文化产品的经济利益不能过于追求。不能用“文化产业”取代“文化事业”。任何打着发展经济的口号和获取经济效益的需要，而将博物馆文化推向产业化和市场化的解读和附会，都是对博物馆文化精神的亵渎和伤害。而且，由于追求经济利益，导致博物馆市场营销的运作方式出现低俗化和过度商业化的倾向，将会从根本上混淆对博物馆文化功能的判断标准，使社会公众产生文化上的迷茫和失落。因此，如何平衡市场营销与未来发展的关系至关重要。

2011 年初，法国审计法院公布的报告，指出了一些文化赞助中的负面现象。例如卢浮宫艺术博物馆曾打算将陈列达·芬奇名画《蒙娜丽莎》的展厅冠以赞助商日本电视台的名称，阿波罗长廊也险些冠以法国石油企业的名称，更名为“道达尔廊”，由于文化部及时叫停才避免了卢浮宫艺术博物馆被“一间间出卖”的命运[①]。凡尔赛宫直属法国文化部，在管理上有许多法律规定，例如必须遵守历史与文化传统，必须平衡市场机制与文化设施的特点，必须维护文化设施的特性等。凡尔赛宫很少有商业化运作，因为法国文化部没有规定凡尔赛宫必须赢利。但是，凡尔赛宫目前陷入现代文化能否渗入

① 汪勤：《法国审计法院给博物馆界“挑毛病”》，载《中国文化报》，2011-04-21(3)。

的问题。

凡尔赛宫馆长 J. 艾拉贡（J. Aillagon）别出心裁，想定期在凡尔赛宫里安放一些现代艺术家的作品，他认为这与古老的王宫相得益彰。但是法国文化界与许多社会民众对此提出大量批评意见。而凡尔赛宫公关部负责人认为，在凡尔赛宫，美国品牌的商店进入算不上什么问题，只要游客有相应的需求就行[①]。相比之下，克里姆林宫博物馆馆长 E. 加加林娜（E. Gagarina）的认识相当清醒。她在接受《消息报》采访时表示，与其他博物馆相比，克里姆林宫博物馆没有什么特权，有些展览可以由赞助商提供，但是这些赞助"完全是一种公益性活动""我们不会给赞助商任何优惠条件"。

在我国，对于博物馆市场营销活动，也经常存在质疑和争论。2007 年 1 月，针对"星巴克该不该离开故宫"，上千名网友展开了激烈的辩论。罗哲文先生认为："对于故宫这样重要的具有国家象征性的文化遗产，必须严肃认真对待其经营行为。首先，应该搞清楚可不可以有一些经营性质的场所。我认为，经营场所开设的地点很重要。有人认为外国的咖啡馆在故宫内的经营场所很小，无关紧要，其实绝不仅仅是面积大小的问题。"谢凝高先生指出："故宫这样宫殿集群式的世界文化遗产，经营餐饮活动越少越好，世界上不少国家都鼓励游客自带食品饮料，以满足基本生理需求为宜，绝不能搞太多的餐饮场所，也不适合把美国咖啡馆开进来。"

针对上述意见，杜晓帆先生认为："餐饮本身并没有低级和高级之分。星巴克开进故宫应看成是中西文化的交流、碰撞而不是对抗，因为工作关系，我曾到一些国家考察，发现不少中餐馆也已经在当地的世界文化遗产保护区内从事商业活动。"余英时先生指出："如

① 黄晶晶：《故宫，承载中国太多"符号"》，载《环球时报》，2011-05-20（7）。

果星巴克咖啡店没有对故宫造成破坏，其装饰没有破坏故宫的中国传统情调，那么就谈不上亵渎中国文化。”针对不同声音，故宫博物院明确表态：既要满足游客的合理需要，同时也要考虑到故宫所承载的文化导向性作用，目前故宫正在与星巴克进行交涉，商讨如何更为恰当地解决问题，力争尽快研究出处置方法。2007 年 7 月，在乾清门南侧九卿房经营了 8 年之久的星巴克，正式停止营业。

2009 年，苏州博物馆推出了博物馆会员制，入会成员每年向博物馆交纳年费，并按照金额不同分为普通会员和贵宾会员。按照规定，普通会员交纳 160 元年费，可以参加博物馆举办的文物博物馆论坛与相关文化考察活动。贵宾会员每年交纳 2000 元，除享受普通会员的待遇外，还能参与博物馆内部组织的馆长论坛等活动。虽然，国际上一些博物馆普遍推行会员制，但是，苏州博物馆实行的博物馆会员制，却引发社会民众的争议。一些博物馆观众认为这个举措与博物馆免费开放精神相悖。另一些博物馆观众认为，实行博物馆会员制可以改善博物馆的服务水平，“会员具备一定专业素养之后，完全可能带动他身边的人热爱历史，传播文化”[①]。

据中国新闻网等媒体报道，2011 年 5 月 31 日，世界奢侈品牌路易·威登的专题展览“艺术时空之旅——路易·威登展”在开馆不足百日的国家博物馆新馆开幕。这是路易·威登创办 157 年以来所举办的规模最大的展览，也是国家博物馆第一次举办品牌类设计展。然而展览开幕立即引来争议无数。新浪等主要新闻网站共有网民评论近 6000 条，多数网民对国家博物馆举办奢侈品牌展览表示反对，认为国家博物馆有被物质化的嫌疑，指出国家级博物馆如此商业化，有损在社会民众心目中的地位和形象。

① 陈城文：《“苏博”会员制引争议》，载《中国文化报》，2010-03-03（6）。

但是，在这一过程中也有人认为，就算国家博物馆举办奢侈品牌展览，也不必大惊小怪。国家博物馆面向的是普通民众，而国人的欣赏层次是多方面的。应当看到，对于国际品牌的展览，也是开阔眼界的艺术交流活动[①]。也有一些社会人士认为这并非不可接受，并且此前已经有过先例，例如另一知名奢侈品牌卡地亚，不仅曾在纽约大都会博物馆、伦敦大英博物馆办过展览，也曾在我国的故宫博物院、上海博物馆举办过展览[②]。苏东海先生认为不必大惊小怪。在这座既展览着仰韶文化代表作品人面鱼纹彩陶盆，也存在着大炼钢铁时期河北某地炼出的铁球的博物馆展出，恰恰是“历史与艺术并重”的发展方向的体现[③]。

长期以来，学者为“时尚到底是不是艺术”这一命题争吵不休。在纽约时装技术学院 V. 斯蒂尔（V. Steele）院长看来，“时尚通常被认为和艺术还有一定距离，所以很多博物馆其实对时尚并不是特别感兴趣，不过它们的确在不停地举办时尚展览，因为馆长们意识到观众喜欢追逐时尚潮流”。大都会艺术博物馆时装学院 H. 科达（H. Koda）院长则表示，“直到 10 年前，博物馆界和时尚圈之间的关系都不是那么顺畅。然而今天，越来越多的博物馆馆长愿意参与到时尚中来”[④]。美国《华尔街日报》评论说，很多人怀疑奢侈品牌是否具备将自家产品定义为艺术品的公信力。

人们普遍认为，公立博物馆的展览，一方面应体现国家文化意志，另一方面要满足国家公民的文化需要，“人们希望从一家成熟的博物馆看到的是富于研究精神和学术价值的展览”。知名艺术评论家

① 林青：《国博举办路易·威登展又如何》，载《中国艺术报》，2011-06-08（2）。
② 《国博展 LV 观众不适应》，载《北京晚报》，2011-06-04（12）。
③ 杨芳：《路易·威登登陆国家博物馆》，载《中国青年报》，2011-06-22（9）。
④ 任立：《美国博物馆在争议中牵手时尚界》，载《中国文化报》，2011-06-11（3）。

T. 格律（T. Green）言辞激烈地指出："对于一些小城市或者新兴城市来说，这些展览或许还说得过去，但是知名博物馆还是应当多举办更有探索精神、更经得起时间考验的展览。"这一观点同样引起了博物馆界的警惕，费城博物馆高级监管 D. 布鲁姆（D. Blum）指出："我们不想沦为品牌的广告载体。"[①]

王际欧先生在《浅析博物馆文化产业的特征、结构与开发策略》一文中认为，特别是在当前，博物馆发展文化产业应当走出四个"误区"：第一，我国博物馆在市场经济形势下，引入了不少市场经营的理念和技术，但必须走出博物馆可以完全实现市场化的误区；第二，在目前情况下博物馆可以开发文化经营项目，甚至办经营性实体，但必须走出博物馆作为整体也是一个经营性实体的误区；第三，必须走出个案成功便认为在全行业具有普遍性，进而夸大、放弃国家财政支持的误区；第四，各地各博物馆所处的大环境和小环境的差异性是普遍存在的，必须走出追随某种"模式"、开统一"药方"，定一个"菜谱"的误区[②]。

近年来，随着人们生活水平的不断提高，精神文化方面的需求也日渐提高。但是由于缺乏对于社会生活的深入研究，缺乏对于观众文化需求的详细调查，缺乏与相关领域和部门的交流合作，因而博物馆往往缺乏具有吸引力的市场营销和文化产品，造成一些博物馆虽然馆舍条件不断得到改善，却依然对社会民众缺少应有的吸引力。同时，国内博物馆界对市场营销的认识和对文化产品的研发重视不够，或将其仅仅定位于博物馆的附属品，处于可有可无的副业地位，或将其视为与博物馆文化无关的市场行为，很多博物馆甚至

① 任立：《美国博物馆在争议中牵手时尚界》，载《中国文化报》，2011-06-11（3）。
② 王际欧：《浅析博物馆文化产业的特征、结构与开发策略》，载《中国博物馆》，2006（3），84 页。

根本没有博物馆市场营销服务。

同时，对博物馆市场营销方面的理论研究缺失，没有建立起系统的知识体系；缺乏相关博物馆市场营销和文化产品研发的法规政策；对博物馆市场营销的现状缺乏系统性调查与分析，对博物馆文化产品研发的一些基本问题缺乏针对性的整理与研究；对博物馆专业化功能的实现方式存在狭隘理解，对博物馆社会化职能的延伸拓展存在模糊认识，因此可以说，我国博物馆市场营销和文化产品研发仍然处于起步、探索、培育、发展的初级阶段，整体水平不高，在发展理念、资金筹措、科学研发、营销方式、传播渠道等方面存在诸多亟待解决的问题，与国际上拥有丰富经验的博物馆相比差距较大。

综观人类社会的发展，无一不是文化与经济共同作用的结果。经济往往以一定的物质形态存在于社会、作用于社会，而文化则以更加持续的精神力量，影响于社会，推动社会前进。目前在国际社会，一些国家在新自由主义改革思潮和金融危机的影响下，不加区分地鼓吹公共事业的市场化，甚至对博物馆进行私有化改革，不断减少对博物馆人力、财力、物力方面的投入，将一些公共服务推向了市场。事实上，博物馆的性质决定了不能实施“去公共化”的改革，不能将博物馆推向市场。博物馆的运营不能用企业化的方式进行管理，博物馆的绩效也不能用市场化标准进行评价，更不能用直接产生经济价值多少进行判断。

由于博物馆藏品保护、学术研究、陈列展览、文化传播等方面的基础性、公共性项目投入大、周期长，但是作用持久、效益明显，影响广泛。因此，不能减少对于博物馆事业的财政支撑，不能将本应由政府负担的基础性投入转嫁给博物馆承担，不能降低博物馆员工本来不高的福利待遇和财政负担比例。总之，不但不能削弱对于博物馆的投入，反而应该逐步增强；不能改变博物馆公共服务机构的性质，反而应该逐步完善。否则，将是政府社会服务职能的缺失，也将从根本上动摇博物馆的生存根基。

今天博物馆的职能，在来自社会各方面综合因素的作用下，更加强调对于观众需求的重视。博物馆的功能也更多地体现出公益事业的性质，不但博物馆的藏品征集、文物保护、科学研究、社会服务等方面工作本身不应追求赢利，而且开展市场营销，也绝不应影响博物馆各项正常工作的开展。根据目前国际通行的博物馆定义，博物馆的本质为“不以营利为目的”的永久性机构，即将博物馆放置在追求社会整体利益，而不是集团或个人利益的基础之上。博物馆只有放弃追逐直接的物质利益，才能赢得显著的社会效益。

但是“不以营利为目的”强调的是博物馆本质，而并不意味着博物馆不能有经济收入，并不反对博物馆在经营过程中的正当利益。在一定条件下，良好的社会效益会带来明显的经济效益，如此并不改变博物馆“不以营利为目的”的本质。在利用博物馆资源开展市场营销时，保护文物藏品安全和保障社会服务是前提，是博物馆的基本职责。博物馆的市场营销策略，并不是要淡化自身的专业化功能和社会化职能，相反应该更加重视博物馆的核心利益。这些才是博物馆存在与发展的根本，也是树立博物馆形象、形成博物馆特色、突出博物馆作用、传播博物馆文化的前提，更是博物馆面向社会提供优质服务的基础。

随着博物馆社会服务意识和文化产品竞争意识的增强，越来越多的博物馆认识到，非营利机构也应该更广泛地接纳现代市场营销理念，通过市场营销策略，逐步开拓文化市场，进而占领文化市场。

波兰维耶利奇卡盐矿公共设施

但是，对公益性和“非营利性”关系认识上的争论也仍然存在。一种观点认为，既然是公益性的、非营利性的机构，博物馆就不应该从事营利性活动，博物馆需要的所有经费都必须由政府提供，近年来政府财政投入的增加也强化了这种理念，并将博物馆的全面免费开放和国家财政对免费开放提供的巨额补助作为依据。截然不同的另一种观点是，非营利性是不以营利为主要目的，博物馆可以从事与博物馆性质相符的经营性活动获取经济回报[①]。

“关键是如何在二者之间寻找一种平衡，使博物馆既能获得更可靠和多元化的资金来源，从而改善组织的效率和效应，又能确保不致偏离其社会使命，违背公共价值观。”[②]博物馆与市场营销，一个是非营利性社会文化组织，一个是商业领域的惯用策略，两个看似矛盾甚至冲突的领域，为了共同的目标，越来越加强相互之间的

① 张健：试析《制约博物馆市场营销的主要障碍》，载《博物馆研究》，2010（3），27页。
② 田艳萍：《国外博物馆经济学研究概述》，载《博物馆研究》，2009（1），16页。

联系与合作。必须重新认识市场营销的文化功能，不但要看到市场营销所获得的可观回报，而且要评估市场营销可能带来的风险。博物馆市场营销项目如果失误，不仅意味着经济目标难以实现，而且可能使一些文化资源遭到损失。

实际上，博物馆的经济价值是巨大而又难以计算的。没有任何一个机构能像博物馆这样无法算清自己拥有的文化财富[①]。苏东海先生认为："博物馆物的经济价值不仅是无法计算的，而且是不能兑现的。博物馆的物属于社会和国家的公共财富，它是为了当代也是为了传之后代而收藏的，在经济上是不允许兑现的。使用它产生经济效益与出售它是不同的性质。博物馆使用博物馆物或以物的名义产生经济行为并不危及博物馆的所有权及其本身的存在，这是属于博物馆的合理合法的经济行为。'不以营利为目的'是博物馆物的一条经济属性。"[②]

博物馆对经济社会发展的贡献，主要表现在博物馆以其巨大的文化附加值及其对相关产业的带动作用，使整个城市或地域增值，而博物馆文化所催生的良好的地缘环境，又加快了地方人口流、资金流、物资流和信息流的流动速度，从而大大提升了现代城市的集聚和扩散功能。博物馆在传承优秀文明的同时，也为一个城市、一个区域，乃至一个国家构造了优越的文化软环境，为经济的发展构建了无可替代的平台。与此同时，博物馆为区域经济所带来的间接经济回报和辐射效益，将数倍于博物馆自身所取得的直接收益。因此，博物馆功能发挥和博物馆市场营销不是互为掣肘的一对矛盾，而应当是共生共荣的统一整体。

① 乔治·F. 麦克唐纳：《"地球村"的博物馆未来》，载《中国文物报》，2010-06-30。
② 苏东海：《博物馆的沉思》，见《苏东海论文选》，第2卷，45页，北京，文物出版社，2006。

2009年《文化遗产蓝皮书》，定量核算了文化遗产事业对国民经济的贡献，其中专门定量分析了博物馆的经济贡献，“以期通过这种摆数字、讲道理的方式来探讨——如果只算经济账的话，博物馆到底是不是只投入、不产出的财政包袱？”事实上，从整个国民经济来看，博物馆产生了无法取代的社会效益的同时，也产生了巨大的经济效益。总体来看，从2001年至2007年的平均情况来看，全国文物系统对国民经济的贡献，是同期财政投入的5.6倍，而全国博物馆对国民经济的贡献，是同期财政投入的5.9倍。例如2007年全国文物系统对国民经济的直接贡献为40.1亿元，总贡献保守估计达279.2亿元；同期，全国博物馆对国民经济的直接经济贡献为18.7亿元，总贡献保守估计达142.0亿元。

由此可见，在全国文物系统对国民经济的总贡献中，博物馆的贡献率达到50.9%，超过一半，所以博物馆不仅在公益性功能的发挥上是文化遗产事业的主要承担者，仅仅从直接经济贡献角度而言，也是主要承担者。而且，这种产出大于投入的结论没有考虑博物馆更加重要的公益性功能。随着博物馆全面免费开放和努力纳入国民教育体系等一系列重民生举措的顺利推进以及博物馆文化旅游的兴起，博物馆对国民经济的贡献将更多地以间接贡献的方式表现出来，博物馆对经济社会贡献的乘数效应将进一步放大[①]。

博物馆的经费不足是一个世界性的问题，即使在一些发达国家，也有许多博物馆被这一问题所困扰，只是程度不同而已。尽管我国的公立博物馆是国家财政支持的公益机构，但是并不意味着国家能够承担博物馆的全部运营经费。相关资料显示，我国博物馆中约有2/3生存困难。目前大多数博物馆的运行经费仍然主要依赖政

① 张伟：《博物馆事业与经济社会和谐发展》，载《中国文物报》，2010-05-19（5）。

府拨款。但是，面对如此庞大且不断快速发展的社会事业，政府有限的拨款仍然只能解决博物馆基本生存问题，远不能满足其发展的需要。在这样的现实下，博物馆的市场营销，能在一定程度上解决博物馆发展资金短缺的问题。

同时，人们普遍认为，如果过于追求博物馆的短期直接经济效益，就很难避免过度利用博物馆资源，伤害优雅文化环境的情况。例如一些博物馆不能摆正博物馆使命与市场营销的关系，为了增加收入，不惜放弃本职工作，巧立名目，打着“以文养文”的旗号，开展与博物馆社会职能和服务宗旨无关的活动；或抛弃应有的科学精神，推出“快餐化”“世俗化”的陈列展览，以迎合低俗、媚俗的市场需要；或盲目出租博物馆场地，随意增加“有偿服务”内容，扩大收费项目和标准，不顾文物安全和博物馆公益形象的维护。“别的项目都能‘跌倒重来’，唯独文化遗产的破坏，不可救药。”①

从世界范围看，博物馆引入市场营销机制，按照市场规律从社会上获得资源投入，是博物馆事业发展的基本趋势。这种做法，一方面有利于增强博物馆的活力和造血机能，实现博物馆资源投入的可持续性；另一方面有利于减轻纳税人的负担，并按照使用者付费的原则，实现博物馆成本的公平负担。同时市场营销还有利于促使博物馆更加关注公众对博物馆文化产品和服务的需求，推动博物馆提高社会服务水平。由此可见，博物馆引入市场营销机制，并不必然与博物馆的公益性质相悖，如何协调好公益性质与经济功能的关系才是解决问题的关键。

博物馆价值由其本身对人类的历史和未来的价值所决定。市场营销应由更宏大的价值支撑，应着眼于远大的文化理想。博物馆是

① 吴焰，杨雪梅：《历史遗存，在成都激活重生》，载《人民日报》，2010-06-11（12）。

社会文化教育机构，服务对象是广大民众，拥有开展市场营销的社会基础。因此，博物馆应努力提高自身获取资金和增加收入的能力，博物馆越能深入地挖掘自身资源，更好地服务观众，就越能获得社会公众的支持，并为自身发展赢得广泛的资金支持。博物馆与市场营销的结合，强化了博物馆的生存能力，许多博物馆通过市场营销增加了经济收入，丰富了资金汇集渠道，为长期受到资金问题困扰的博物馆文化发展需求找到了出路。

希腊雅典卫城博物馆多功能厅

博物馆的市场营销行为与以往的博物馆经营创收活动并非相同。博物馆市场营销的根本目的不仅仅是为了获取经济效益，而是以社会和公众为工作目标，通过一系列技术方法和过程的塑造，营造良好的生存和发展空间，实现博物馆存在价值的最大化，实现为社会和社会发展服务的总目标。通过市场营销，博物馆可以更好地把关注公众和社会需求摆在突出位置，促进博物馆的管理在规范和整合内部要素的同时更好地融入社会，从而在适应经济和社会环境需要的前提下，创造优良的博物馆生存环境。

博物馆在策划市场营销项目时，必须遵循服务社会民众的原则。如果急功近利地用短期成果来衡量市场营销的成败，永远也不会成为出色的博物馆。因为急功近利的短期成果和评价，只能对博物馆的可持续发展产生负面影响。从普遍经济的角度来看，博物馆文物藏品是无价的文化财富，它的价值不能以市场经济来衡量，正因为文物藏品退出了市场流通，因此它们能够换来更加神圣的价值，换来对于整个社会的福利。而且这种福利属于整个民族、属于子孙后代。因此，国际博物馆领域均秉承一条不成文的规则，即文物藏品一旦进入公共收藏，即不再出让，不能进入市场流通。

今天，博物馆仅仅依靠陈列展览吸引观众，已经远远不能满足博物馆发展和观众需求的双重任务，需要通过市场营销增加社会竞争能力。博物馆市场营销的目的，在于为观众提供更好的文化产品和服务，在实现社会价值的同时，获得相应的经济回报。因此，博物馆市场营销的发展，并没有排斥其公益性质，而是在为社会公众服务的同时提升自身价值。在与市场营销的互动中，博物馆不仅可以实现经济方面的贡献，而且有利于教育功能的实现，满足社会公众文化生活的需要，促进区域经济社会发展。博物馆还可以通过市场营销改善服务环境，转变服务观念，增加服务项目，提高服务质量，吸引社会的广泛关注和资助。

发达国家的经验证明，良好的市场营销有助于博物馆树立品牌，提高工作效益，它所附带而来的经济效益也是显而易见的[①]。虽然，文化产品和文化服务可以有价，对于文化产品和文化服务的消费可以有偿，但是，博物馆市场营销的文化价值，永远都是附着在精神价值之上的。博物馆不能为了获取支持而放弃自身的基本原则，做出有损于博物馆公众形象的事情，决不能为了追求市场经济价值，而降低精神文化价值，更不能不择手段地从博物馆文化资源中榨取经济利益，以牺牲精神文化价值来换取市场经济价值[②]。

人们往往将市场营销与博物馆创收、获取经济利益联系起来，更多地将其视为一种经营手段或者推销活动。实际上，从博物馆发展趋势看，市场营销的意义与价值远不止于此。市场营销是博物馆更多地了解观众需求，采取各种措施吸引观众，从而尽可能满足观众需求的过程，同时也是博物馆在与观众的沟通和互动中实现自身价值的过程。从这一意义上说，市场营销是观众与博物馆之间交流的桥梁，是博物馆实现自身价值的方式，是一种着眼于可持续发展的远大视野，是真正立足于社会公众的人文关怀，使观众在博物馆中学习更多、收获更多、享受更多。

近年来，我国博物馆领域开展了市场营销的实践与研究，使市场营销作为博物馆文化的传播平台，参与到社会竞争当中，为博物馆创造出巨大的综合效益。人们逐渐认识到，博物馆市场营销并非普通的商业活动，而是博物馆社会教育和文化服务功能的拓展与延伸，是体现高雅文化和人文情怀的文化活动。美国营销学家 P. 科特勒（P.Kotler）认为：博物馆营销是以观众为导向的，是博物馆通过自己的多种功能与服务不断地探索、发现、创新，以满足社会与观

① 褚晓波：《迈向国际 提升专业 融入社会》，载《中国文物报》，2009-12-09（11）。
② 艾斐：《文化的功能在养“心”》，载《人民日报》，2010-09-28（7）。

众的需求，达到博物馆与观众的双赢，与商家追求利润最大化的销售与促销，有着本质的不同。不应将市场营销简单地等同于经济创收，仅仅为了弥补事业经费不足的缺口。

如果仅仅从经济角度看待市场营销，必然出现违背市场营销规律的短期行为，其结果也不可能理想。经过多年的发展和完善，博物馆的市场营销手段已经成为博物馆发展不可或缺的部分，这些既得益于相关理念的成熟，更取决于行之有效的各项措施。例如一些国际著名的博物馆，尽管市场营销活动蒸蒸日上，显示出蓬勃生机，但是每个博物馆都自觉遵守市场营销原则和职业规则，从不超越雷池一步。这些博物馆对举办市场营销活动有严格限制，包括不得举办宗教、商业等非文化性质的活动，不得在开放时间举办活动，以免影响观众参观，保证博物馆与市场营销相结合的定位和策略获得成功。

如何正确处理博物馆使命与市场营销的关系，是当前博物馆面临的一个重大问题。博物馆市场营销的规模、质量、程度、范围，都能在公众的选择中得到评判和检验，在社会竞争中实现优胜劣汰，使博物馆的整体素质大大提高。以往人们认识博物馆市场营销的现实意义，是能够使博物馆从中获取经济收益，增强自身“造血”功能。但是，注重社会效益，拓展服务领域，正确处理社会效益和经济效益的关系，把社会效益放在首位，是博物馆市场营销的重要原则。一方面，市场营销能够加强博物馆与社会的联系，使博物馆从中获取资源、资金和支持，有助于实现博物馆的使命。另一方面，市场营销的一些理念与规则，又有可能伤及博物馆的本质、使命与原则。

对于博物馆来说，发展市场营销只是有利于实现博物馆核心使命的手段，而不是目的；发展市场营销不是附加一项独立工作，而是渗透到博物馆工作的各个环节；发展市场营销不仅仅关注经济收益，而更应关注博物馆工作的综合效益。博物馆只有实现公众利益，才能获得自身利益，这种利益的一致性促使博物馆不断研究掌握公众需求，主动规范自己的行为，坚定履行自己的职责。实践证明，博物馆市场营销的发展有利于核心使命的加强、文化功能的拓展、社会影响的扩大、管理方式的改革、运营经费的增加。

今天，市场营销开始普遍为博物馆所接纳，渐渐成为博物馆的一个日常功能。将市场营销引入博物馆工作，并不意味着博物馆向商业化妥协，是市场营销适用于博物馆，而不是博物馆屈就于市场营销。博物馆、美术馆、图书馆等教育科学机构的市场营销常指社会营销。它与商业营销一样强调追求利益最大化，只不过追求的是社会利益的最大化。博物馆为改善参观环境、提高服务质量、吸引更多观众，往往也采取多种方式开展市场营销，吸引更多潜在的公众、满足不同公众的期望与需求，并与之建立关系网络，于是产品销售、餐饮服务、场地利用等均开始进入博物馆的大雅之堂，成为博物馆市场营销的重要手段。

关于“文化产业”，联合国教科文组织的定义是：“按照工业标准，生产、再生产、储存以及分配文化产品和服务的一系列活动。”我国学术界较有代表性的定义则认为，文化产业是从事文化产品的生产、流通和提供文化服务的经营性活动的行业总称。我国政府主要将文化产业概括为：“为社会公众提供文化、娱乐产品和服务的活动，以及与这些活动有关联的活动的集合。”但是，要真正准确地把握文化产业的本质内涵，必须对文化事业与文化产业之间的关系有较为全面的了解。文化事业与文化产业两者之间既有区别又互相联系。文化事业所进行的是公共产品的生产，主要是依靠国家扶持，与市场没有必然的联系；文化产业是市场经济行为，生产的是文化商品，它不能脱离市场而存在。

文化事业与文化产业的共同核心都是文化，二者之间具有相互渗透、相互依存、相辅相成的特性和规律，文化事业是文化产业赖以发展的基础和条件，如果没有原创性的文化产品研发，文化产业就只能是无源之水、无本之木。因此，既不能将文化事业与文化产业截然分开，也不能将其混为一谈。博物馆以非营利性的事业性活动为主，主要包括文物藏品的征集保护与科学研究、基本陈列与临时展览、社会教育与文化传播等各项职能。但是，在博物馆的全部活动中，也包括一部分经营性活动，例如商业性展览、纪念品销售、资料提供、餐饮服务等。

关于“文化产品”，联合国教科文组织的定义为：“文化产品一般是指传播思想、符号和生活方式的消费品，它能够提供信息和娱乐，进而形成群体认同并影响文化行为。”从这一定义可以看出，“文化产品”首先是一种消费产品。既然是一种消费产品，必然要通过生产才能得到。因而，具体到博物馆文化产品，其主要是指以博物馆资源为依托，通过生产、流通、交换、消费等环节来实现价值的各类文化产品。这是博物馆文化产品的广义定义。从这一角度出发，可以说博物馆文化产品涵盖了与博物馆事业有关的一切产出，至少包括陈列展览、文物研究与收藏、教育服务、文化传播等内容。

宋新潮先生概括了广义范围内的博物馆文化产品的两方面内容，一个是博物馆的展览，主要是把独立文物或艺术品连接起来，组成一个具有思想性的文化产品；另一个是通过一系列的纪念品，以博物馆指南、图书、图片等为代表，以商品形式出现的博物馆文化产品[①]。因此，博物馆文化产品在博物馆服务与公众需求之间居于内外衔接的中心环节，是博物馆社会服务功能的重要体现、社会作用的延续和社会效益的放大。博物馆在保证社会效益的前提下，为公众提供特色鲜明、内容健康、适合精神需求的文化产品，在满足公众需求的同时，又能获取一定回报，提高自身的可持续发展能力。

博物馆文化产品特指依托博物馆文化资源而衍生出来的文化产品，因此必然被打上博物馆特有的文化烙印。博物馆文化产品研发所依托的资源，主要是博物馆文化资源，而其中又以文物资源最为显著。博物馆文化产品在研发设计方面，拥有固定的可供参考借鉴的文化元素，因此，与市场上其他同类产品相比，具有更厚重的人文内涵，需要更多对文化的领悟与把握。对博物馆文化产品的研发，尤其注意科学性与审美性、历史性与现代性的结合。这些结合起来的复合性特征，增加了博物馆文化产品的附加值，从而能够实现更多的综合效益。

博物馆文化产品的研发绝不是通过简单的照搬照抄就能够完成，而是一种文化创意行为。“需要历史性与现实性的灵动结合，需要审美性与史实性的完美联动，需要创新性与守成性的浑然天成”，才能达到一流的研发设计。博物馆文化产品研发具有“取之于博物馆资源，用之于博物馆文化事业”的既定目标，博物馆文化产品研发的经济效益，必然为博物馆文化事业的发展带来明显的反哺作用，扩大了博物馆社会教育职能，也促进了博物馆文化事业的发展。因此，进行博物馆文化产品研发，并不违背博物馆文化事业发展的终极目标。

① 《创新文化产品样式 打造名牌特色产品——“博物馆文化产品”研讨会综述》，载《中国文物报》，2007-10-26。

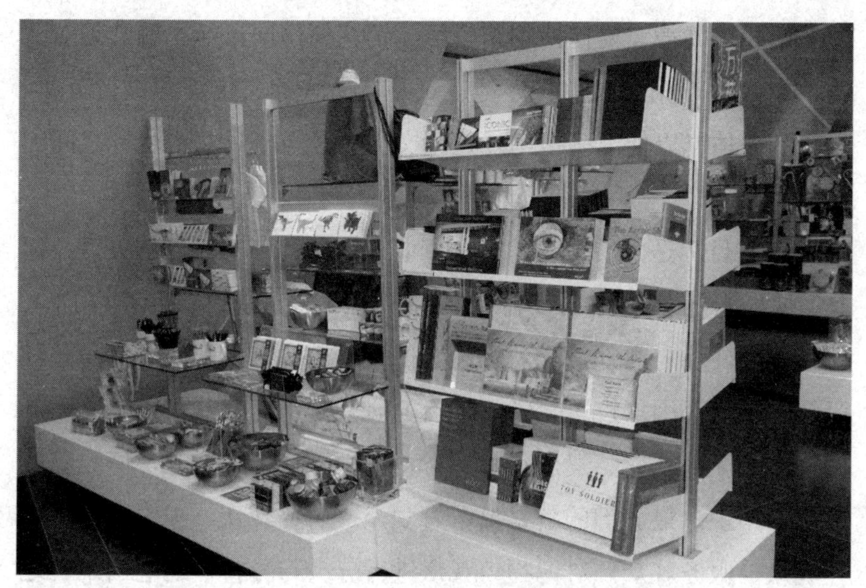

加拿大多伦多皇家安大略博物馆纪念品商店

从博物馆市场营销概念的提出，到各个博物馆的具体实践，都还处于探索阶段。因此，应避免急功近利和杀鸡取卵的做法。必须明确博物馆是非营利性机构，它提供的是公共产品，博物馆市场营销，与一般产业开发不同，产业开发如果失败往往可以重新再来，但是博物馆市场营销失败，不仅意味着经济上的损失，更意味着博物馆在文化资源上的浪费和对社会公信度的伤害，因此不应将博物馆完全抛向市场。博物馆市场营销既要勇于开拓，在观念上求新，思维上求变，又要谨慎策划、周密思考，协调处理好各种发展关系。

博物馆的市场营销并不能完全用一般的商业手法进行套用，商业消费是一个过程，当消费过程结束后，其价值亦同时减退。而博物馆提供的文化产品与服务应具有体验趣味，而且获得持久性的记忆，满足观众对于知识的需求。因此，博物馆的市场营销不能由盈利性的商业手法进行主导，博物馆的文化产品需要坚持博物馆使命，遵守博物馆规律。要使博物馆市场营销达到预期目标，就必须对博物馆自身的场馆、人力、环境、藏品、品牌等文化资源进行分析、研究和评估，以便准确地阐述这些文化资源与市场营销目标之间的关系。

订立目标是开展博物馆文化产业和市场营销的起点与关键，但是，要能很好地订立目标，首先要对博物馆自身能力有明确的了解，包括外部环境与内部情况。无论规模大小，博物馆都应对自身条件以及各类外部因素进行科学、细致的研究分析，在此基础上，明确博物馆的文化使命、发展目标、行动计划、市场策略等。博物馆的市场营销理念最关键的就是要了解观众、研究观众、吸引观众、留住观众、服务观众。对博物馆观众进行分类与分析，还应当结合地区特点、行业特点、季节特点等因素进行细化，必须对自己的观众群体进行细分，确定当前的目标观众，利用广告宣传手段，保留现有观众，培养潜在观众。

在故宫博物院与北京市国有资产经营有限责任公司签约仪式上的致辞

（2013年8月9日）

非常荣幸今天在这里与北京国资公司签署合作框架协议，这代表着我们正式结成了战略合作伙伴，未来将在平等互利的基础上优势互补、合作创新、共享共赢，在文物展示、文化交流与创作、文物文化衍生产品研发等诸多领域开展广泛的业务合作，充分发挥各自优势，整合文化优质资源，共同探索国家级文物博物馆机构充分利用社会资源，为广大民众提供文化服务的新模式，并推动传统文化的弘扬，加强故宫文化资源的合理利用。

故宫博物院建立在明清两代皇宫的基础上，独一无二的宏伟建筑、馆藏的180余万件历代珍品与蕴含其中的宫廷历史文化，构成了它独特的文化身份与文化内涵。这里是中华文明的宝库，也是学术研究的不竭源泉。多年来，故宫专家在文物与古建筑研究、文物与古籍修复、明清宫廷历史文化研究等方面获得了丰富的研究成果。这些丰厚的文化资源应当更好地利用、传播，为社会民众提供更多优质的精神食粮。

北京国资公司作为北京市重大项目建设的承担者和经营者，在文化创意产业领域具备优秀的创意策划能力、组织实施能力、资源整合能力和市场开发能力，形成了具有国内一流水平的高级创意策划团队和组织实施团队，具有强大的人才、社会资源基础以及国内一流、世界领先的设计制作技术。如何更好地利用这样的技术和能力，让中国传统文化发扬光大，促进首都的文化建设，惠及更多的普通民众，获得更好的社会效益，也是北京国资公司的责任所在。因此，双方的合作既是强强联合，更是“珠联璧合”。

故宫博物院将充分发挥在文物收藏和文化研究方面的资源优势和科研实力，北京国资公司也将以在文化交流与演出市场出色的组织策划与资源整合能力，通过组织形式多样的文化交流活动，研发具有丰富文化内涵、广阔市场前景的故宫文物和宫廷文化衍生产品，让故宫文化“走出”紫禁城，感染更多普通民众的心灵，也为建设“人文北京、科技北京、绿色北京”贡献力量。

我国博物馆市场营销的探索[1]

（2013年11月20日）

在我国，过去博物馆常年在计划经济模式下运行，从下达任务、拨付经费、筹办展览，到最后通过审查，基本不需要博物馆考虑经济效益。于是，博物馆事业的发展对财政拨款有较强的依赖性，缺少在市场经济条件下生存发展的意识。改革开放以后，博物馆需要面对诸如编制预算、政府采购、协议合同、财务审计等问题，既有法律问题，又有经济问题。在很多方面都从计划经济模式，转为市场经济模式，这些对于博物馆管理者和专业人员均是挑战。总体来说，博物馆市场营销发展较慢，博物馆业务活动与博物馆相关文化产品研发等联系得不够紧密。

长期以来，博物馆市场营销活动，被误解为是应对财政投入不足的权宜之计，一直处于可有可无的地位，或没有负责博物馆市场营销的部门，缺乏经营人才；或将其归入后勤服务部门，负责处理一些公众事务和广告业务；或将市场营销看作博物馆的副业，视为安排机构改革后闲置人员的岗位。更有不少博物馆选择风险小、见效快的场地出租和转手承包方式，承包经营情况往往脱离博物馆管理，致使众多博物馆商店等出现经营不善的问题。造成博物馆市场营销发育不良的主要原因，既包括政策法规缺位、管理机制滞后；

① 此文发表于《北方文物》2013年第4期，102页。

也包括缺少创新意识、研发工作滞后；还包括缺少资金支持、缺乏专业人才等。

1978年为满足馈赠礼品需求，全国首家博物馆工艺品销售部在上海博物馆诞生，当时主要经营图书、明信片、陶瓷、青铜器的复制品，由于曲高和寡，文化产品虽好却没有市场，每年销售额只有10万元左右。20世纪90年代，在市场经济大潮的涌动下，我国一些博物馆开始将市场营销的理念与方法应用到文化产品研发中来。上海博物馆是这方面的先行者，300平方米的上海博物馆商店开始营业，当时经营的商品主要以引进旅游纪念品为主，消费额上升至100万元。1996年上海博物馆于新馆建成开放之际，成立了艺术开发公司，该公司为独立法人单位，实行独立核算、自主经营、自负盈亏，为市场营销发展搭建起新的平台。

经过10余年的发展，上海博物馆艺术开发公司在经营中形成了自主设计、制作和销售的一条龙产业链，其周围聚合了几十家加工制作企业，不断推出全新的博物馆文化产品，减少引进旅游纪念品的比重。公司对每件文化产品实行跟踪监管，严把质量关，已经具有一定品牌效应。"我们的每个商品上都有上海博物馆的标志，很多人就是冲着这标志来的。随着后续发展我们肯定要申请商标和知识产权。"该公司现有800多平方米的营业面积，自主研发设计的系列文化产品400余种，占总销售额的50%。近年来上海博物馆艺术开发公司在上海时尚文化地段太仓路开设了精品分店，并成为大英博物馆长期供货的合作伙伴①。

目前，上海博物馆的文化产品品类已经达到3万多种，图书8000种，年销售额升至4000万元。从博物馆小卖部到博物馆专门

① 李艳：《博物馆文化产品的"N"种解读》，载《中国文物报》，2010-02-24（5）。

店，从博物馆礼品到博物馆商品再到博物馆文化产品，销售额从10万元到4000万元，见证了博物馆市场营销和管理理念的发展。2002年10月，上海博物馆还与故宫博物院联合举办了首次博物馆文化产品展览。更重要的是，博物馆的社会效益有了显著提升，在对外文化交流中发挥了重要文化传播功能。80%以上的自主研发文化产品和约占8%左右的文物复（仿）制品，受到了广大观众，也包括一些外国国家元首在内的很多国外参观者的青睐。

我国博物馆界对于市场营销的研究，始于世纪之交。进入21世纪以来，博物馆市场营销在我国逐渐引起业内外人士的关注。全国各地众多博物馆实践正确的市场营销理念，不仅在社会上有力地宣传了博物馆文化以及博物馆事业，传播了博物馆的价值，使越来越多的人走进博物馆、关心博物馆、理解博物馆，进而支持博物馆事业，同时也为博物馆带来了更多的文化藏品征集和可观的经济收入。人们逐渐认识到，负责任的市场营销是努力体现博物馆的文化内涵，保持博物馆的良好形象，保证博物馆可持续发展的重要条件。

2007年9月，有全国25座具有代表性博物馆参加的“全国首届博物馆文化产品研讨会”在广东惠州召开，虽然会议规模不大，但是由于这是我国博物馆界首次召开的专门研讨博物馆文化产品的会议，因此具有标志性的意义，表明国家博物馆管理部门，已经将博物馆的文化产品问题，列入议事日程和管理范围。在北京举办的“2008博物馆及相关产品与技术博览会”，1万余平方米的展览会场，汇集了来自国内外的100多家著名展览公司和相关生产厂家的文化产品，不少新技术、新成果首次面世，既带给博物馆关于市场营销和文化产品方面的启示，也带给观众特殊的文化体验。与此同时，2008年11月中国博物馆学会博物馆文化产品专业委员会在北京成立。

博物馆及相关产品与技术博览会博物馆文化讲座

对于我国大多数博物馆来说，没有独具特色的博物馆文化产品，不具备自主研发能力，因而多是外购的小商品和纪念品充斥博物馆商店，这些外购的小商品和纪念品，由生产厂家为各地博物馆同时供货，导致雷同现象十分普遍。长期以来，由于对博物馆自身文物藏品的文化内涵认识不足，对提高文化产品档次重视不够，缺乏正确的市场营销理念和文化产品研发意识，因此不少博物馆的文化产品，还停留在对文物藏品的复（仿）制品层面，特色不突出，实用性不强，导致许多文化产品的研发与公众的实际需求不符，博物馆市场营销和文化产品的文化传播功能，得不到应有的拓展和延伸。

众多博物馆纪念品与博物馆自身特点缺乏结合，往往与博物馆藏品的文化内涵毫不相关，而是与一般旅游纪念品没有区别。针对我国60座各种类别博物馆的抽样调查显示，从区位分布来看，文化产品研发较好的博物馆大多处于省会城市，而地市级城市极少开展，县级城市几乎没有开展文化产品研发。从区域分布来看，博物馆文化产品产值超过2500万元的博物馆，仅有位于东部地区的数座大型博物馆；全国博物馆文化产品研发总产值近半数来自东部博物馆；中部博物馆文化产品研发整体水平又强于西部[①]。

故宫博物院所开展的一次专业性调查结果显示，20.1%的参观者在来馆之前就有购买文化产品的打算，购物预算平均为274.8元。预计购买的博物馆文化产品类别，纪念品为73.8%，食品为12.7%，书籍为5.6%。而实际情况是，49.4%的国内参观者，54.4%的国外参观者光顾了故宫博物院商店。然而，只有18.2%的国内参观者，22.2%的国外参观者购买了故宫博物院文化产品。未购买的原因，51.4%的参观者认为价格贵，14.3%的参观者表示没有喜欢的纪念品。对文化产品的要求，则几乎百分之百的参观者认为应该有中国特色、故宫特色，具有纪念意义。调查结果还显示，虽然故宫博物院已经建立起自己的经营服务网点，也研发了一些具有故宫博物院特色的文化产品，但是与广大参观者的文化需求相比，仍有相当大的差距[②]。

一些博物馆虽然希望挖掘本馆文物藏品的文化内涵，研发独具特色的文化产品，但是由于设计理念陈旧，粗制滥造，没有充分考虑到参观者的消费心理，与现代时尚相去甚远，因此，符合观众需求的文化精品较少，难以形成市场，甚至产生消极影响，损害博物馆的文化形象。例如秦始皇兵马俑系列产品，虽然符合博物馆的文

① 李艳：《博物馆文化产品的“N”种解读》，载《中国文物报》，2010-02-24（5）。
② 李文儒：《重视博物馆特色商品的研究和开发》，载《中国文物报》，2009-09-23（6）。

化特色，理应受到广泛的欢迎，但是却由于知识产权和品牌保护不力，加工制造质量不够细致精美，市场上的大多数复（仿）制品质量低下，并没有取得应有的效果。

经济来源是博物馆生存与可持续发展的重要支撑。然而，博物馆资金的短缺，公共投入的不足，是数十年来困扰博物馆发展的世界性问题。我国博物馆经费投入分为财政全额拨款、差额拨款和自收自支三种方式。然而大多数博物馆都存在经费短缺的情况，政府补助经费通常仅能维持博物馆员工的工资，不少博物馆甚至维持日常基本开支都存在困难，一些地处偏远的中小型博物馆，更是需要为了维持生存而奋争，很多市县级博物馆缺乏基本的硬件设施，没有符合标准的文物库房，固定陈列展览常年得不到更新，举办临时展览也存在资金困难。

事实上，一方面，即使是财政全额拨款的博物馆，长期以来相当部分经费也要靠自筹，一些博物馆每年运行经费的50%~60%靠自身筹措。另一方面，人们往往只从公益性方面评价博物馆的社会效益，却很少评价博物馆产生的经济价值，或是仅将经济价值囊括在社会效益之中。因此，尽管博物馆对经济社会发展起到了多方面的促进作用，但是，社会上普遍认为博物馆是国家财政的包袱，是只投入、不产出，或多投入、少产出的被抚养单位。实际上，虽然博物馆的社会功能主要体现在精神、文化等方面，但是即使只算经济账，博物馆也是投入少、产出多的事业单位，而不是财政包袱。

随着市场经济体制的不断完善，国内博物馆市场营销和文化产品研发也在发展，开始由比较单一的模式向更为多样化的模式转变。一是场地出租和员工承包经营模式。这一模式多为中小型博物馆和经济不发达地区的博物馆所采用。二是内部经营模式。这一模式是当前我国博物馆界最为普遍的模式。三是内部经营和公司运作混合型模式。四是公司运作模式。一些资金力量相对雄厚的博物馆将市场营销部分与公益性事业相剥离，成立隶属博物馆的独立公司实体，充分发掘馆内资源优势，体现各自的特色。五是博物馆整体公司运作模式。这一模式多为民营博物馆和一些企业主办的博物馆所采用。六是与社会企业联合研发模式。

一些博物馆在市场营销的体制机制方面进行了积极尝试。例如湖南省博物馆大胆引入现代制度，在原展览部的基础上成立了展示设计装饰工程公司和文化发展中心，均为独立核算、自负盈亏的博物馆所属企业。展示设计装饰工程公司主要利用博物馆的人才与品牌优势，承揽各种展览设计制作业务，运用市场机制，参与各种项目的招投标工程。文化发展中心则利用博物馆的自身资源研发与销售文化旅游产品和特色纪念品，生产销售适销对路的文化产品，在市场上形成品牌优势。

湖南省博物馆借鉴国外的一些成功经验，于 2005 年 4 月推出了会员制度，截至 2007 年 12 月共招募普通会员 3736 人，高级会员 55 人。针对不同类型的会员，博物馆开展了大量的会员活动。例如针对普通会员，开展了 18 次对外公众讲座；针对家庭会员，举办家庭日活动 32 次；针对高级会员，举办预展酒会 7 次，文物观赏专场 5 次，参观考古工地发掘现场 2 次，博物馆网站针对博物馆会员开辟了“会员之家”的板块，会员可以在该板块中发表自己的言论，与博物馆内部及会员进行交流。博物馆也成功地吸引了大批青年观众和博物馆之友，加强与当地社区民众的沟通。

会员制的推出已经引起了社会各阶层人士的兴趣，产生了较大的社会影响，并且在逐渐实现湖南博物馆的“以会员群体为媒介，搭建了解观众及社会需求的桥梁”的初衷。湖南省博物馆的高级会员制度，是以长沙市现在和将来对博物馆发展建设有直接作用的人士作为发展对象，其中既包括喜欢博物馆文化和文物藏品的社会人士，也包括有助于博物馆市场营销开拓的商界人士。湖南省博物馆聘请这些高级会员作为博物馆评议指导委员会的委员，邀请他们观看文物藏品、出席相关活动，并倾听他们的意见建议，使博物馆发展受益匪浅。

国家文物局于 2009 年组织对全国博物馆文化产品研发情况进行调研，调研报告指出："全国博物馆文化产品开发存在同质化和低水平重复生产的现象，直接影响了外界对博物馆文化产品的市场需求。”造成这一局面的一个重要原因，是博物馆缺乏具有市场针对性的文化产品创意设计能力。很多博物馆商店每年的经营收入仍然停留在 20 世纪 80 年代的水平，中小博物馆仅几万元、几十万元，大型博物馆也不过几百万元，全国博物馆商店的经营水平和经济效益始终在低水平上徘徊。此外，很大一部分博物馆在文化产品研发方面还是空白，呈现“零”产值的情况。

目前，已有文化产品研发实践的博物馆绝大部分都是制作明信片、徽章、文物复（仿）制品和部分图书、音像制品等。对于实用性文化产品进行研发设计的博物馆则较少；由于对文化产品所依托的博物馆文化遗产资源没有吃透，对市场把握的能力薄弱，大多数博物馆脱离市场需求，研发出来的文化产品实用性和艺术性均有所欠缺，影响市场营销的效果；又因品种单一不成系列，高档文化产品与大众化消费品层次不明显，从而给消费者留下性价比低的印象，导致文化产品滞销，博物馆文化产品的可持续性研发难以为继。

我国有着数千年的文明史和丰厚的文物资源，深邃的文化内涵影响着全世界。博物馆文化产品研发，依托的是文化遗产资源，吸取的元素亦来源于中华民族优秀的历史文化。基于这样深厚的文化根基与土壤，研发出来的博物馆文化产品，在一定程度上代表着中华民族的悠久历史与灿烂文明。因此，博物馆文化产品研发，对于传播中华民族悠久的历史文化，加强对外文化交流具有重要意义。博物馆文化产品以博物馆资源为基本研发元素，其载体和表现形式多元，但是凝结在博物馆文化产品中的核心内涵，仍然是丰富深厚的博物馆文化知识，不断满足所有热爱博物馆文化的社会公众的需求，满足他们将博物馆及其文化带回家的愿望。

2010 年 2 月，来自全国各地的文物管理机构、博物馆和博物馆文化产品研发服务企业的代表齐聚北京，召开“全国博物馆文化产品开发工作座谈会”。会议认为博物馆文化产品正在成为博物馆事业发展新的增长点，正在成为博物馆获取社会资源的一条重要渠道，正在成为博物馆文化的传播者。会议发出倡议：力争到 2015 年，每个博物馆根据自身藏品和展览研发的文化产品达到 5 种以上，国家一级博物馆达到 10 种以上，中央、地方共建的国家级博物馆达到 30 种以上，全国知名博物馆文化品牌达 50 种以上，逐步形成品种齐全、种类多样、特色鲜明、优势突出、富有竞争力的博物馆文化产品体系。

会议提出要积极探索建立“政府倡导，博物馆主导，行业协作，企业参与，商业运作”的博物馆文化产品研发、经营机制。会议还描绘了博物馆文化产品研发的业态蓝图，建立以省级综合博物馆为中心的区域博物馆文化产品研发网络，有效整合中小博物馆资源，形成群体优势；全国博物馆之间实现资源、创意、市场共享，优势互补，互惠互利的合作机制；构建博物馆文化产品创意设计、

美国华盛顿美国国立亚洲美术馆

研发生产、营销推广、衍生产品等环环相扣的产业链；鼓励在条件成熟的地区建设博物馆文化产品交易中心、创意园区和生产基地，形成产业聚集。

座谈会的与会者就博物馆文化产品研发的技术、服务和管理的标准化建设等问题发布了《关于加强博物馆文化产品开发的倡议书》，为博物馆文化产品研发指出了方向和目标。同时召开的“2010年全国博物馆文化产品评奖会”，有全国35家博物馆研发的91件文化产品参加评选，其中有30件文化产品入选获奖，这是全国博物馆文化产品首次“集体亮相”。此次评奖标准包含文化产品设计、制作的各个环节。其中，是否具备馆藏文物载体元素是一条核心原则。也就是说，一个图案或符号、一种造型或色彩、一段文字说明或解读，都要在该博物馆的文物藏品、展览内容、建筑形制、研究领域中找到依据和原型。

“全国博物馆文化产品开发工作座谈会”还提出要以博物馆文化创意为核心，高新传统技术为支撑，以国内外市场营销和消费群体为导向，研发多层次的博物馆文化产品。博物馆文化产品必须承载相关的文化信息，这正是其区别于普通旅游产品的特殊之处，也是其文化魅力所在。应该看到，博物馆事业对于经济社会发展的贡献是显著的、全面的，是与公益性功能相辅相成的，如果不能从广大民众的现实需要出发，将博物馆对于经济社会发展的贡献能力发挥出来，无疑也是一种“资源浪费”。在博物馆事业的功能中，公益性功能是根本。博物馆事业的公益性主要体现在文化教育、科学研究功能方面，而在经济功能方面也表现出非营利性。

经过多年的积累，我国博物馆领域已经涌现出一批具有品牌效应的文化产品。特别是一些综合性大型博物馆在自主研发和知识产权保护方面的认识不断提高，并自觉付诸实践，产生了较好效益。例如故宫博物院先后研发出院藏文物仿制品、水晶角楼、太和殿纸模、云锦、铺首、工艺扇、新款领带等一系列具有自主知识产权的文化产品。2006 年故宫博物院的“故宫”和“紫禁城”两个商标，被国家工商总局认定为驰名商标，这是全国博物馆领域第一批被认定的驰名商标，故宫博物院出售的文化产品全部用鲜明的故宫文化品牌覆盖，2009 年故宫博物院还向欧盟成员国和马德里成员国进行了国际的注册。

一些博物馆积极制作可以“带走的文化遗产”，主要是博物馆藏品的衍生产品，例如各种材质、各种尺寸的博物馆藏品的复（仿）制品，运用馆藏文物的样式、纹饰、符号等元素研发的工艺品，与博物馆文化相关的音像、书刊、图片、软件等信息类产品以及服装、饰品、文具、玩具、箱包等实用性文化礼品。每座博物馆往往都有数量不等、品味高雅、工艺精湛的文物藏品，这些文物藏品是进行市场营销的重要资源。例如北京恭王府博物馆为了满足观众企求幸福的心理，将清代康熙皇帝亲笔所书的“福”字，研制成各式各样、价格不等的工艺品，非常畅销，不但满足观众的文化需求，而且给博物馆带来良好收益。

湖北省博物馆早在1994年就注册了以编钟造型为主的“天籁”商标，2003年注册了以馆藏国宝“曾侯乙编钟”为主要内容的“曾侯乙编钟乐舞”商标。湖南省博物馆充分利用自身文化资源，挖掘“马王堆”出土文物的文化价值，确立系列产品的研发思路，使“马王堆”文化产品发展到6个类别的80余个品种，逐渐形成拥有自主知识产权的系列文化产品；四川成都武侯祠博物馆近年来不断创新，通过策划系列文化活动，形成一系列特点鲜明的文化活动品牌；首都博物馆围绕精品陈列展览，借助企业设计力量和多渠道资金，研发出一系列创意新、品位高、特色浓、观众喜爱的文化产品，获得社会公众的好评。

随着我国经济得到巨大的发展，广大民众生活水平得到显著的提高，对外开放成效显著，我国正日益成为世界各国游客的旅游目的地，海外游客纷至沓来。故宫博物院、上海博物馆、陕西历史博物馆等研发的“国礼”“省礼”，已经成为政府部门外事礼品往来的首选，也受到社会各界的欢迎。除文物复（仿）制品等比较高档的文化产品之外，还研发出丝巾、领带、袖扣、玻璃制品、首饰盒、时尚包袋、出版物等面向普通游客的文化产品，涉及人们生活的各个领域。这样既满足了高端礼品的市场需求，又满足了普通观众的文化需求，更加拓展了博物馆文化传播的渠道和范围。

博物馆文化产品由于文化内涵丰富、品位高雅、工艺精美等特点，深受国内外游客的喜爱和青睐。特别是随着全国博物馆免费开放的全面实施，对博物馆文化产品的需求进一步扩大，文化旅游市场潜力极大。例如北京恭王府博物馆通过加强与旅游部门以及相关文化产业部门的协作，建立起博物馆文化产品的市场营销渠道和网络，产生了较好的效益。一些博物馆还重视与其他相关文化产业部门的横向联合，例如利用自身的资源和人才优势，与影视、出版、广告等文化产业部门联合，增加博物馆文化产品在社会文化产品中的份额，扩大博物馆的社会影响力。

我国博物馆一般将除陈列展览和相关教育、服务项目之外的文化产品，分为三类：第一类是依托博物馆藏品和展览设计制作的各种材质的文化产品和民族手工艺品；第二类是文物藏品的复（仿）制品；第三类是与博物馆藏品和陈列展览相关的书籍、电子出版物及各种纪念品。上海博物馆艺术开发公司网上商店罗列出 16 个类别的系列产品，依次为复仿青铜器、复仿陶瓷器、复仿书画图轴、复仿书画镜框、复仿玉器、仿古瓷版画、丝巾、领带、桌旗、玻璃制品、包袋、首饰盒、展览相关商品、博物馆出版物、袖扣、特色纪念品等。从功能上看，半数以上为艺术陈设品，而丝巾、领带、桌旗、玻璃制品、包袋等文化产品则兼具实用性。

博物馆的文化产品不同于一般商品，它是以向公众传播文化为目标的产品，它的研发必须与公众丰富多样的文化需求相结合，兼具博物馆的社会效益与经济效益。2008 年为迎接北京奥运会，故宫博物院举行“天朝衣冠”展览，首次将皇帝、皇后服饰同时展出，并为配合展览设立了一家专卖店，商品的所有元素都从文物展品中提取，受到观众的欢迎。创建博物馆文化品牌是一个长期而艰难的过程，应被视为博物馆市场营销的生命。通过对博物馆观众关于理想文化产品的调查，可以了解到95%的观众认为文化产品应具有实用性、便携性等，几乎所有的观众都关注文化产品的质量，并且区别于商品市场中常见的其他产品。

故宫博物院在“2008在故宫”文化创意商品设计大奖赛中，源于太和殿屋顶造型的名片夹、源于斗拱造型的首饰、源于故宫装饰图案的曲别针等，分获金、银、铜奖，源于华表、铜狮造型的瓶起子等作品入选。2009年8月，故宫博物院东长房观众服务区开始接待观众。该服务区位于故宫神武门内东侧，面积近1400平方米，是故宫博物院内最大的观众服务区，兼有餐饮、购物与休息功能，其中所销售商品中60%以上为故宫博物院的原创文化产品，汇集了丝绸、琉璃、陶瓷、漆器、图书等几百款特色文化产品。

2010年为开拓新的增长点，故宫博物院尝试进行品牌授权运作。在文化产品经营中，严格选择合作企业，通过公开招投标，选择在行业内领先并具有一定知名度和信誉度的企业。同时，故宫博物院努力发掘内部人力资源，连续举行“职工设计、创意大奖赛”，征集到近100个文化产品设计方案，创作出一批具有故宫特色的文化产品设计及创意作品，其中部分来自职工的创意设计，有的文化产品已经投入市场。目前，故宫博物院内设38个销售文化产品的经营点，还在澳门艺术博物馆开设了专卖店。这些博物馆商店内共陈列文化产品1万多种，其中46%为故宫博物院自主研发[①]。

一些综合性博物馆的临时展览，由于展览时间短，撤展后具有不可还原性，因此通过图书、音像制品和文物复（仿）制品的销售，

① 李艳：《博物馆文化产品的“N”种解读》，载《中国文物报》，2010-02-24（5）。

不仅给观众留住了展览的美好记忆，还可以给观众以持续的文化享受。《卢浮宫珍藏展——古典希腊艺术》集中展示了“希腊古典时代”的大理石雕塑、陶器、金器等精美艺术品，再现古希腊文明走向巅峰时期的辉煌。配合展览销售图书与工艺品，共有 1000 余种文化产品，其中销售 550 余种约 19000 件文化产品，总销售额近 100 万元，除了临时展览的图书外，销量前 10 位的工艺品单价在 15~20 元之间。由此可见，一般观众的理想消费不超过 50 元。

故宫东长房丝绸商店（2014 年 8 月 25 日）

首都博物馆举办的《世界文明珍宝——大英博物馆之 250 年藏品展》火爆京城，每天迎来 4000 多人次的参观者。展览汇集了世界各大洲的文物精华，展出重点是古埃及、古希腊和古罗马的艺术精品。配合展览销售图书与工艺品，共有 1500 余种文化产品，人们对这些文化产品的兴趣丝毫不亚于参观展览本身。其中销售 800 余种约 25000 件文化产品，总销售额近 110 万元。其中从大英博物馆带来的一块揭开古埃及文字奥秘的罗塞塔石碑，依据其研发出的纪念品不下20余种，雨伞、镇纸、鼠标垫等应有尽有，价钱也从数十元到数百元不等。

故宫博物院和中国国家博物馆先后成立了“北京故宫文物保护基金会”和“北京中国国家博物馆事业发展基金会”。这两个基金会均属于非公募基金会，资金将用于故宫博物院和国家博物馆的建设以及藏品征集、保护、展览、研究等文化公益活动。基金会的资金来源主要为企业，尤其是故宫博物院的基金会，首期启动资金达1600万元，全部由8家国内知名企业捐助。但是，根据《中华人民共和国企业所得税法》的规定，企业给有免税资格的基金会捐款，额度在该企业年利润总额12%以内的可以享受免税，但是超过这一捐赠额度的，反而要交更多的税款，这在一定程度上抑制了企业加入基金会的积极性。据报道，至2008年末，我国已有非公募基金会335个，约占全国基金会总数的三分之一[①]。

近年来，以民营资本为投资主体的博物馆建设成为一股方兴未艾的热潮。一些专业性的民营博物馆已经显现出较为旺盛的生命力，开始成长为文化产品研发的新生力量。例如中国京剧戏服博物馆主动与当地旅游部门合作，开发经营自己的文化产品，取得了很好的效果。南通蓝印花布艺术馆采取前展馆后作坊的经营模式，研发与现代生活相结合的新产品，拥有馆藏蓝印花布纹样近4000件，出版纹样1000多件，已经研发出服装、鞋帽、壁挂等10余个系列500多种产品，赢得市场份额，获取利润用于维持博物馆正常运作。

文化旅游产品是博物馆市场营销的重要内容。现代博物馆既是一个国家、一个城市重要的文化教育机构，也是公众文化游览休憩

① 唐钧：《慈善新模式的公众期待》，载《人民论坛》，2009（11），6页。

的重要场所。在文化旅游方面，博物馆对旅游行业具有良好的促进作用，并在旅游者和博物馆所在地之间建起密切关系，将博物馆作为文化旅游的重要资源。同时，博物馆也通过支撑文化旅游，做出了巨大的经济贡献，例如 2007 年我国博物馆对国民经济总贡献的 142.0 亿元中，博物馆文化旅游贡献最大。尤其是在 2008 年我国实施博物馆免费开放后，博物馆作为文化旅游资源的潜力进一步彰显，凸现出博物馆文化旅游的价值。

近年来，随着旅游的日渐兴起，博物馆的文化旅游功能日益突出，逐渐成为展示城市独特历史文化、提升城市文化旅游吸引力的重要载体。在北京、西安等旅游城市，博物馆早已成为吸引全世界游客的顶级旅游目的地。北京的故宫博物院、西安的秦始皇兵马俑博物馆等接待的参观者，全年入馆量都达到或接近 1000 万人次，取得了可观的综合效益。节假日参观博物馆逐渐被视为一种文化生活时尚，博物馆成为旅游线路中最重要的目的地，甚至还出现了博物馆专线文化旅游，这些都说明博物馆发挥着重要的文化旅游功能。

博物馆应积极参与社区文化遗产的保护和文化旅游场所的管理。文化旅游影响到众多利益相关者，例如旅游者、当地居民、旅游公司等，对此，博物馆有责任了解当地及其周边文化遗产、自然遗产等文化旅游资源，对这些旅游目的地的历史、文化、科学的价值与特色进行研究，增进当地居民对这些旅游资源价值的理解，从而增强他们的自信心和自我文化认同。博物馆旅游在吸引大量游客的同时，也向外界推介了博物馆自身。博物馆有责任对旅游者加强文化遗产教育，减少给博物馆和文物古迹带来的负面影响，为此博物馆必须比以往更直接地面向旅游者。

在我国不少城市，经常看到大批旅游者，乘车直达博物馆门前或文化遗产地核心部位，下车后即排队参观，抓紧拍照留念，购买旅游纪念品，随后再上车直奔下一个博物馆或文化遗产地，让人有匆匆过客之感。故宫博物院北门的神武门广场曾是一个停车场，每天满载旅游者的大轿车一直开到神武门下，停车后旅游者在导游手中小旗的引导下，鱼贯而入。但是，这种方式存在许多弊端。首先，旅游者在进入博物馆之前，并没有机会观赏紫禁城的整体面貌，无形中减少了旅游的乐趣，降低了旅游的质量。其次，神武门广场作为停车场，严重影响故宫博物院的文化氛围，使周边环境杂乱无章。三是大量汽车尾气的排放，对世界文化遗产故宫古建筑群本体保护造成影响。

几年前，故宫博物院加强神武门广场管理，不再允许旅游大轿车在此停留，停车广场变成了文化广场。原来停在神武门广场的旅游大轿车，改停在了景山的北侧。如今，人们看到，旅游者下车后，导游开始介绍街道两侧的历史街区和胡同、四合院，转过弯后，导游又向旅客们介绍正前方美轮美奂的故宫角楼，随后，游客们沿着故宫筒子河，边走边观赏紫禁城城墙和神武门城楼，在文化感动与期待的心情中走进故宫博物院。虽然多走一段路程，但是旅游者通过由近及远、由整体到细部的观赏体验，获得前所未有的特殊感受，增加了旅游的乐趣和知识，也使文化遗产得到更好的保护，体现出负责任旅游的理念。

“南海Ⅰ号”沉船整体打捞工程是保护水下文化遗产的壮举。新编大型粤剧《南海Ⅰ号》于2010年10月在广州大剧院举行首演。该剧展现了中国古代“海上丝绸之路”的繁荣景象。岭南先民自信、大气、包容、敢为天下先的精神，也在剧中得到了很好的诠释。而出水宋代瓷器上的墨书文字“六哥”“李大用”“林花”等名字，成为粤剧《南海Ⅰ号》中人物角色的姓名，备受关注的“鎏金腰带”“鎏金手镯”等出水文物的复制件，也成为粤剧中的演出道具。“南海Ⅰ号”文物精品展同时展出，展出“南海Ⅰ号”出水的最具代表性的珍贵文物。这是粤剧第一次牵手博物馆的文物展览，也是表演艺术与“博物馆热”相结合的一次有益尝试[①]。

免费开放以来博物馆的观众明显增多，为博物馆的市场营销提供了广阔空间。同时，博物馆具有较高的信誉度，社会公众在博物馆参观陈列展览、参加文化活动、购买文化产品，具有安全感。“未来五年，中国将有两亿人口进入中产阶级消费群。”这个越来越庞大的群体和他们所追求的生活方式，正在影响着整个国家的生活观念[②]。事实证明，博物馆事业不是财政的包袱，而是社会、经济效益兼备，“投入小、产出大”“功在当代、利在千秋”的社会事业。同时，博物馆的经济功能不主要体现于创造直接的经济效益，而主要从其间接经济效益以及增强区域文化凝聚力和吸引力上体现出来。

我国博物馆在战略计划、服务目标、公众策略、资金使用等运营方面均有较大提升空间，需要有意识、有计划地借鉴和运用现代市场营销理论，更充分地发挥博物馆资源的作用，提高博物馆的管理水平。当前，我国经济和文化体制改革迅速发展，博物馆事业也在以前所未有的速度发展，新的时代对博物馆事业提出新的要求。博物馆应在核心使命、文化功能、社会影响、管理方式、运营经费等方面进行一系列的自我更新，从而逐步建立起符合社会要求、利于自身发展的运行机制，而引进市场营销理论与实践，成为博物馆更新运营模式、挖掘自身资源、发挥最大社会效益的必然选择。

① 张景华，吴春燕：《妙！粤剧牵手“考古”》，载《光明日报》，2010-09-21（2）。
② 蒋举：《人均 GDP 过万 中产生活质变》，载《北京晚报》，2009-12-01（1）。

总之，我国博物馆市场营销呈现出健康向上、稳步发展的趋势，博物馆文化产品研发的规模上不断扩大，发展速度明显加快，在人力、财力投入上有所加强，在市场推广上不断拓展，一些面向市场、创新发展的博物馆文化产品经营单位取得了长足的进步，积累了一些成功经验。从调研情况来看，目前市场营销和文化产品研发做得比较好的博物馆，主要集中于部分大中型博物馆和条件特殊的专业博物馆。但是，越来越多的博物馆认识到，如何利用好博物馆全面免费开放和纳入国民教育体系的机遇，寻找博物馆与其他行业的接合点，研发多层次的博物馆文化产品，将成为未来博物馆提升其在国民经济中贡献率的关键。

在“紫禁城杯”故宫文化产品创意设计大赛评选会议上的讲话

（2013 年 11 月 28 日）

“紫禁城杯”故宫文化产品创意设计大赛新闻发布会

今天我们荣幸地邀请到文物界、博物馆界、艺术设计及文化创意等领域的嘉宾，参加“紫禁城杯”故宫文化产品创意设计大赛评选会议，很高兴和大家同聚在这里。

为了更好地传播中国传统文化，弘扬中华民族精神，挖掘并利用故宫文化资源，发挥故宫文物藏品文化传播和教育职能，促进中国传统文化与当代时尚相结合，引发社会公众对故宫文化产品的关注，唤醒创意设计灵感，让观众把“故宫文化带回家”，由故宫博物院主办，北京故宫文化产品开发公司、北京故宫文化传播有限公司、中央民族大学美术学院共同承办的“紫禁城杯”故宫文化产品创意设计大赛，于2013年7月21日正式启动。8月2日，召开了新闻发布会，邀请了近30家媒体的记者出席。9月26日至10月3日，在北京国际设计周期间开展了“紫禁城杯”故宫文化产品创意设计大赛宣传活动。10月23日至27日，在“第六届海峡两岸（厦门）文化产品博览交易会”的“海峡两岸文博创意产业精品展”上开展了大赛的宣传活动。

在作品征集阶段，我们共收到作品总数675件。其中包含特邀设计师作品19件，符合初审要求的作品639件，未通过初审要求的作品17件。

随着社会经济的发展和民众生活水平的普遍提升，社会公众对博物馆也提出了新的期望和新的要求。文化产品作为延伸博物馆生命力、加深观众对博物馆理解与认识的信息传承载体，正日益占据博物馆发展的重要位置。故宫博物院以弘扬和传播中华民族优秀传统文化，满足广大民众日益增长的精神和物质文化需求为出发点，以为观众提供服务为落脚点，立足于故宫博物院所拥有的深厚文化及其文物藏品资源，使观众能够购买到自己喜爱的故宫文化产品，把故宫文化带回家，让文化产品传播故宫文化，更好地为观众提供服务，实现博物馆宣传教育的职能。

故宫博物院曾于2008年、2009年举办过两届院内职工文化产品设计创意竞赛，收集到许多新鲜的创意作品。此次故宫博物院面向社会公众举办故宫文化产品创意设计竞赛尚属首次，旨在通过活动对中华民族优秀的传统文化进行宣传，并推动文化创意产品的研发工作。今后，故宫博物院将进一步提升文化产品研发的整体水平，形成“故宫”和“紫禁城”的优质品牌，满足观众物质和精神文化的需求，增强故宫文化产品的亲和力、吸引力和感染力，不断探索研发文化产品的新道路，加强与社会上优秀的文化产品研发单位的合作，推进文化产品研发的进一步发展。

关于故宫博物院文化产品创意设计和市场营销[1]

（2013年12月16日）

最近，故宫博物院举办了“紫禁城杯”故宫文化产品创意设计大赛。应该说这次活动的举办是成功的，经过4个月的作品征集，大赛组委会共收到投稿作品675件，其中特邀设计师作品19件，符合初审要求的作品共计639件。作为成果，我想一方面是征集到了一批具有参考价值的故宫文化产品设计方案，有的可以很快转化为文化产品；另一方面是对故宫文化产品研发情况进行了宣传，与一批设计师建立了良好关系。实际上，不能指望通过一两次活动就能够征集到很多优秀文化产品创意，关键是通过大家的参与，从中可以受到启发。

大家都知道中国文化遗产标志“太阳神鸟”吧？这个标志就是通过一次方案征集发现的。记得2006年国务院批准设立了“文化遗产日”，国家文物局决定同时设立中国文化遗产标志，那么用什么形象代表“中国文化遗产”呢？于是组织了方案征集活动，号召社会各界踊跃参加，结果一下子征集到了上千个方案。经过专家评审，最后获得一等奖的是一条“鱼”的造型图案，是从古代器物上提取的信息。但是，看着这条“鱼”，不少人认为作为“中国文化遗产标志”不太理想。我在翻阅没有选中的方案时，看到了“太阳神鸟”

① 此文为在故宫博物院月度通报会议上的讲话，2013年12月16日。

图案，有一种眼前一亮的感觉。圆形金器，中间一轮太阳放射着12道光芒，周围有四只神鸟在飞翔，整体造型既端庄大方，又富于动感，充满生机和活力。特别是这个造型图案，出自2800多年前艺术家之手，多么神奇。更为神奇的是，这件珍贵艺术品在静静地埋藏于地下2000多年后，当人类社会进入新的世纪，当第一缕曙光照耀中华大地时，随着金沙遗址的发现和考古发掘，“太阳神鸟”得以出土面世，有着很好的寓意。但是，既然是设计竞赛，就要按竞赛的规则来办，那条“鱼”还是获得了一等奖。后来我利用出差的机会，把想法与成都市领导进行了沟通，他们非常希望能够将自己城市出土的“太阳神鸟”作为中国文化遗产标志，我告诉他们这件事不能由个人决定，他们可以征求各位专家的意见，如果专家们都同意，并向国家文物局呼吁，那么才好落实。于是成都市文物局的同事们走访了一些专家，专家们同意将“太阳神鸟”作为中国文化遗产标志，并给我写了一封推荐信，这样经过国家文物局局长办公会议讨论，一致同意将“太阳神鸟”作为中国文化遗产标志。所以通过开展方案征集活动，有时能够获得意想不到的结果。

在最近召开的群众路线教育实践活动的民主生活会前，在谈心过程中，王亚民副院长给我提出的意见之一是，对于文化产品和市场营销工作不够重视。对此我虚心接受。实际上我们在这方面也有压力。最近国务院领导批转了关于“台北故宫博物院”文化产品研发和营销方面的报道，同时，国家领导人在国事访问中希望将故宫博物院的文化产品作为礼品馈赠外国领导人，媒体也经常关心故宫博物院在文化产品研发方面的情况。为此，本月初召开了“故宫博物院文化产品研发座谈会”，经营管理处、文化服务中心、故宫出版社三个单位的同人坐在一起，针对加强文化产品研发和市场营销进行了研讨。王亚民副院长对文化产品研发工作所取得的成绩和存在的问题发表了明确的意见，我赞成他所提出的观点。

近年来，一些世界著名博物馆和“台北故宫博物院”，在文化产品研发和市场营销方面有不少好的经验，虽然故宫博物院这方面的水平居于国内博物馆的前位，但是，相比之下还有差距，更有不进则退之感。特别是广大观众对于故宫文化产品的要求与日俱增，对于“把故宫文化带回家”充满期待。总之，面对不断发展的形势，面对来自各方面的压力和挑战，我们需要更加努力。

搞好故宫文化产品研发和市场营销，一定要立足于故宫博物院文化遗产资源，以弘扬故宫文化为己任。在文化遗产资源方面，我们有着得天独厚的条件，作为世界上规模最大的古代宫殿建筑群，作为世界上收藏中国文物最多的博物馆，无论是古代建筑还是文物藏品，从中都有取之不尽的智慧源泉。同时作为世界上来访观众最多的博物馆，更有着开展市场营销的优势。因此，从事故宫文化产品研发和市场营销的部门和人员，都要加强对于故宫文化的学习，从中汲取智慧和营养，应用于实际工作。从明年开始，故宫博物院将实施每周一全天闭馆的安排，正好能够加强业务学习。

在故宫博物院，每一件文化产品，都要体现故宫文化特色，体现故宫文化水准，体现故宫文化追求，使欣赏故宫文化产品成为参观文物陈列展览的延伸。在美国史密森学会所属博物馆商店，每件文化产品旁都附有一张卡片，讲述该文化产品的研发缘由以及背后的故事，使观众在购买时再一次学习，同时将美好记忆带回家，或是馈赠他人，传播给更多的人。目前，北京故宫与“台北故宫博物院”的文化产品各有千秋，就整体来看，北京故宫的文化产品注重历史性、知识性，“台北故宫博物院”的文化产品注重趣味性、实用

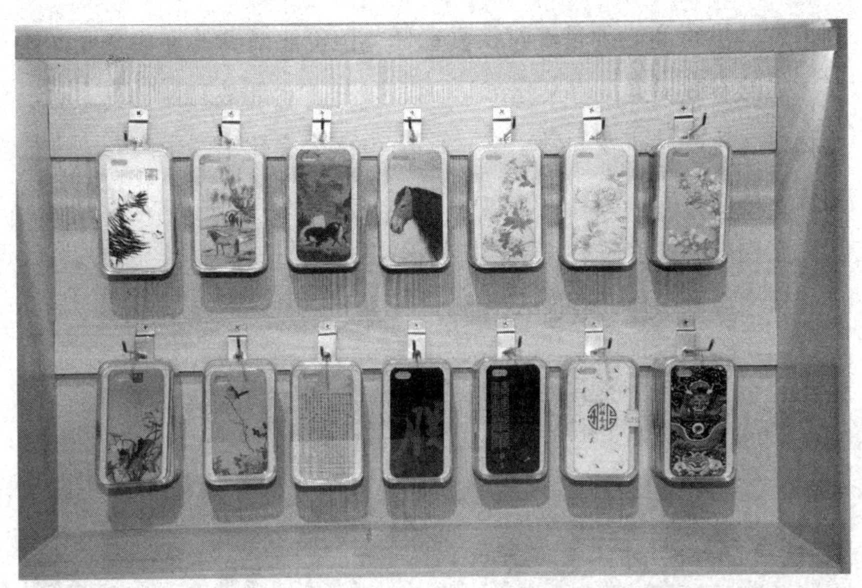

义乌第 9 届文交会故宫博物院展位

性，两者互补。我们也要在精美复制品之外，加大个性化文化产品的研发力度，注重研发更多能够融入民众现实文化生活的具有趣味性、实用性的文化产品，争取培育一些“明星”文化产品，使观众能够慕名而来，争相选购，使故宫的文化产品能够成为民众生活中美好的东西，为人们带来快乐和灵感。当然做到这点并不容易，需要精心培育，不能急于求成。

要对文化产品质量严格把关，注重文化品质。尽管一些文化产品本身设计得不错，但是因为制作不够精良，而不受观众欢迎。所以，故宫文化产品一定要追求最优良的品质，无论价格高低，都必须拥有一流的质量。

要争取与更多的著名文化企业和成功文化人士进行合作。所有参与故宫文化产品研发和市场营销的单位，都必须拥有一定的知名度和影响力，都必须拥有良好的社会信誉，都必须对故宫文化有深刻理解，供货商必须是经过认真选择、性价比最高的文化企业，这样才能够有效提升故宫文化产品研发水平。“台北故宫博物院”对于博物馆文化产品研发的做法是，邀请70多个文化产品生产厂家进行初选，从中选取15个设计团队，再对其进行半年的培训，使他们加深对文物内涵的理解后，结合博物馆文物藏品进行文化产品的设计，最后从中选取最佳设计投入生产。

雅昌故宫商店

最近，正在结合《故宫保护总体规划》的编制，合理规划故宫文化产品营销布局，争取更多地满足观众的文化需求。包括在端门广场设置故宫商店的基础上，在神武门广场东西两侧设置相对集中的故宫文化产品营销区域。一方面，这里是观众集中出口，可以满足一些观众在离开故宫博物院前，“把故宫文化带回家”的愿望；另一方面，神武门广场相对不受闭馆限制，停车方便，可以接待慕名而来的民众，创造良好的购物环境。初步计划，一侧销售故宫文化书籍，另一侧销售故宫文化产品。东西两端还有小型广场，可以供人们饮茶休息。争取在明年“五一”前后实现这一计划。

故宫博物院内有不少文化产品营销地点，也需要合理规划。不同地点的经营内容，要符合不同文化空间的文化特色，进行个性化的设计，所销售的文化产品也不能“千篇一律”，不能不同的故宫商店销售同样的文化产品。我们一再强调，在故宫博物院的文物商店内，不能再卖与故宫文化没有关系的、来自其他文物景点的“大路货”，所有的文化产品都应来自故宫文物藏品的内涵挖掘。如果说过去我们还不能做到这一点，但是目前故宫博物院已经研发了将近6000种文化产品，应该做到这一点。

要提升人性化的经营理念，改善故宫商店的购物环境，让每一位来访的观众都能够享受到高品质的文化服务。在这方面我们与一些著名博物馆有较大差距，应该着力改善。例如法国将博物馆商店定位为出售优质文化产品的高雅场所，要求店堂布置富有艺术气息，与博物馆的整体氛围相协调。故宫博物院的各部门都要支持文化产品的市场营销，例如每次举办重要的临时展览，开幕前都编辑出版了精美的图录，但是往往仅限于赠送参加开幕式来宾，还有一部分在故宫商店里销售或作为故宫博物院的礼品，而恰恰在临时展厅的出口处没有销售。实际上当人们参观展览后，意犹未尽之时，最有购买图录的冲动，应该在展览布置空间中设置图录销售场地。这里不能简单地把文化产品销售看作商业行为，而应该作为博物馆文化服务的有机组成部分。

最近，文化部分管文化产业的项兆伦副部长建议我们能考察一下义乌文化产品市场，希望故宫博物院能够参加明年由文化部参与举办的义乌文化产品交易博览会。几天前，苏州市领导也来故宫博物院，邀请两岸故宫共同参加苏州地区博物馆文化产品博览会。这些都是我们与同行交流的机会，也有利于扩大对外文化宣传。在这方面博物馆的市场营销拥有广阔空间。例如从 20 世纪 80 年代起，美国大都会艺术博物馆商店，不仅在博物馆内有 5000 多平方米的营业厅，还在纽约的一些大型商场和全美其他城市设置了 12 家分店，采用特许经营的方式实现规模化发展，并在法国、德国、墨西哥、日本、新加坡、菲律宾等地分别设立了分店，拥有 340 余名销售人员。

注重建设具有特殊意义的专题博物馆[1]

（2013 年 12 月）

博物馆是文化再现的场所，通过各种藏品保存个人记忆、文化记忆与社会记忆来唤醒历史，更重要的是把个人的记忆转化为集体的记忆。犹太裔学者 V.舒衡哲（V. Schwarcz）在《流离的记忆女神》一文中提出，记忆也是指有系统并经过反省的民族记忆。一个民族的人之所以能和谐共处主要是有共同的记忆，这些记忆构成了他们的民族性，即精神支柱。所以任何民族都会记住自己民族的欢乐与苦难[2]。博物馆的诞生是基于人们对于自身记忆的追溯与整合。庞贝遗址凝固了火山喷发瞬间的人类苦难，广岛博物馆让参观者反思曾经的创伤，奥斯威辛集中营提示着战争的切肤之痛，记忆只有物化，方能定格为不朽[3]。

我国南京大屠杀遇难同胞纪念馆就是为了保存集体的记忆，做到以史为鉴。现任耶路撒冷希伯来大学哲学系教授 A. 马格利特（A. Margalit）于 2002 年在哈佛大学出版社出版了《记忆的伦理》一书，全面论述了道德与伦理的区分，对为什么不能遗忘惨绝人性的伤害等问题有精辟见解。但是忘记和反省过去，特别是黑暗、罪恶和战争，并不是一件轻松的事。著名作家米兰·昆德拉说过："记忆

① 苏州博物馆：《苏州文博论丛 2013 年》，北京，文物出版社，2013。
② 甄朔难：《和谐文化与博物馆工作》，载《中国文物报》，2008-04-25（6）。
③ 《追溯记忆的地方》，载《人民日报》，2010-01-29（17）。

与遗忘的斗争就是真理与强权的斗争。”《南京大屠杀》一书的作者张纯如在书中写道：“真相是不可毁灭的，真相是没有国界的，真相是没有政治倾向的。”为此我们要加强对保存记忆的博物馆的建设[①]。

中山舰博物馆坐落于中山舰当年的蒙难地，武汉市江夏区金口镇，矗立于长江金口水域以南，牛头山、金鸡山、槐山环抱之中的金鸡湖畔。中山舰博物馆是以“中山舰”为主题的专题博物馆，打捞出水的中山舰及其随舰文物完整陈列在博物馆展厅。根据史料还原历史真实，按1925年原貌复原中山舰舰体外观及舰载装备和设施，复原部分舱室，陈列展示1997年中山舰打捞出水的珍贵文物。为了让观众更直观、更具体地了解“中山舰”从诞生到遇难沉没的状况，了解出水文物的后期处理等专业知识，陈列展览充分借助高科技模拟技术，使观众能近距离观赏文物的同时，更能清晰地了解近现代历史，激发观众的爱国情怀[②]。

地震博物馆，这一特殊类型的专题博物馆，不仅仅承担着教育、收藏、研究的功能，而且还寄托着人们无限的哀思与回忆。在日本，位于东京东北部的日本关东地震灾害纪念馆，建于1930年，为纪念1923年9月1日关东大地震的死难者而建。那场地震使80%的城市夷为平地，死亡5.8万人。纪念馆一楼主要展示被地震破坏的物品，例如各种扭曲的金属和玻璃制品，二楼展览以图片、学校日志、个人日记、随笔为主，再现地震的破坏性，为社会大众和大、中、小学生提供直观、具有实践性的防灾常识，提高公众应对地震的危机意识和主动参与意识。

① 甄朔难：《和谐文化与博物馆工作》，载《中国文物报》，2008-04-25（6）。
② 刘新阳：《大陈列 新解读——中山舰博物馆陈列展示特色》，载《中国文物报》，2011-03-30（3）。

1995 年 1 月 17 日发生的阪神大地震，前所未有地冲击了日本原有的地震防灾体系。据统计，共有 6434 人在这次地震中死亡，受伤者近 4.4 万名，约 65 万座建筑物受损，经济损失达 10 万亿日元，这是日本在第二次世界大战后遭遇的最大一场灾害。阪神大地震后，在神户市中央区建设了人类与防灾未来中心，主要分为感受大地震震撼的影响馆、大地震灾后复原展示区和防灾相关知识学习区，中心作为世界防灾研究的基地，除了纪念和展示外，还担负着培养人才、调查研究、派遣抗灾专家以及资料的收集和保存等多种工作，将传统的单一参观模式转变为全方位的地震科研中心。

1931 年 2 月 3 日 10 时 47 分，只有 1 万多人的新西兰小镇纳皮尔，被所发生的 7.9 级大地震夷为平地。地震后当地建设了新西兰纳皮尔霍克湾博物馆，地震博物馆保留了 80 多年前地震后的景象，并利用图片、录音及录影来记录城市再建以及成为今日装饰艺术之都的历史。在博物馆内增设了地震的展示主题馆，并举办特展，为的是让后人记住这段既悲惨又光辉的历史。地震重建的历史经验，已经成为纳皮尔市民的城市记忆，而受到世界各地参观者的瞩目。

公元 518 年和 1963 年，马其顿发生了两次灾难性的大地震，人们现在依然可以见到罗马帝国和拜占庭时代遗留下来的城市废墟。为了记录 1963 年 7 月 26 日发生的灾难性的大地震，政府将在地震中幸存的斯科普里老火车站改建为“马其顿地震博物馆”，博物馆外墙上的时钟今天仍指向发生大地震的时间 5 时 17 分，当时整个斯科普里市几乎被夷为平地。位于委内瑞拉首都的加拉加斯地震博物馆，共有 11 个展厅。参观者可以在其中感受模拟的里氏 5.9 级地震的威力。博物馆还展出了 20 世纪 50 年代的地震测量工具，在有关防灾措施的展厅中，展览资料告诉参观者家中应常备应急包，包内应有手电筒、收音机等物品，但不能有火柴和打火机。

在我国，1976 年 7 月 28 日凌晨，北京时间 3 时 42 分，唐山遭受了 7.8 级强烈地震，造成了 24 万人死亡，16 万人重伤。地震后，唐山市在市区内保留了唐山机车车辆厂铸钢车间、唐山矿冶学院图书馆、唐山十中厕所、唐山钢铁公司俱乐部、唐山陶瓷厂办公楼、唐柏路食品公司仓库、吉祥路 7 处地震遗址，并于 1986 年建设了唐山抗震纪念馆，纪念馆内有大型综合性展览，地震遗迹展示了当年大地震的惨烈程度和地震对各种建筑物及地面的破坏情况。实物展柜展出了被震坏的时钟、当年最早汇报震情所用的电台、抗震救灾工具以及全国各地给灾区民众的慰问信件、衣服等实物。

1999 年 9 月 21 日凌晨 1 时 47 分，台湾南投县发生了 7.6 级大地震，造成 2321 人死亡，8000 多人受伤。2004 年在雾峰乡建成了 9・21 地震教育园区，隶属自然科学博物馆。每年参观人数达 350 多万人，并举办上百次科普讲座。设计者利用现场错动的地层、倒塌校舍和隆起的河床等典型地貌，把室内和室外整合成有机排列的空间，既保存了强烈的地震瞬间，同时用富有纪念性的现代手法，给人以深刻的印象。其中“地震工程教育馆”系利用毁损校舍基地设置，突出“安全的家”“先进楼房减震技术”和“公共安全”三大主题，同时还通过保存的毁坏教室，让观众看到老旧校舍呈现的问题。

2008 年 5 月 12 日，我国汶川发生 8.0 级强烈地震，造成了重大人员伤亡和财产损失，是我国大陆近百年来在人口较为密集的山区所发生的破坏性最强、受灾面积最广、救灾难度最大、灾后重建最为困难的一次强震灾害。历史将永远哀恸这个时刻。“为灾难建造一座博物馆，为记忆点燃一盏不灭的灯，让情爱立此存照，让哀恸永存心间。”[①] 汶川大地震留下了许多典型的有科学研究和科普教育价值的地震地质遗迹。在抗震救灾工作取得阶段性胜利后，从国家领导人到文化学者，从有关部门到普通民众，广泛建议筹建地震博物馆。

地震遗址博物馆通过展示地震的巨大破坏力和造成的悲剧，见证我国民众面对特大灾难所表现出的无畏精神、崇高境界和生命情感，以传承抗震救灾焕发出的患难与共、血浓于水等伟大的民族精神。同时，保护汶川地震典型遗址，选择合适地点建立集地震地质研究、科普教育和灾难纪念为一体的地震遗迹博物馆，无论是对于探索地震地质规律还是纪念遇难者、警示后人以及提高公众的防灾减灾意识都具有重要的意义。通过实地考察和选址论证，筛选出北川县城地震遗址博物馆、阿坝映秀震中纪念地、汉旺工业遗址纪念馆、都江堰虹口地震遗迹纪念地 4 处典型的地震遗址、遗迹纳入地震遗址博物馆建设范围。

20 世纪 60 年代，由政府与民间合作主导的一场以工业遗产为主要内容的保护运动在英国展开，并且逐渐波及整个欧洲。英国对近代工业遗产实施分级保护的方法，在充分调查、评估的基础上，根据工业遗产存在的价值，确定其为某一保护等级。对那些被确定为重点保护对象的具有重大历史价值的工业建筑而言，外部和内部都不得轻易改动，在原址建立博物馆是一种较为理想的保护方法，于是工业遗产博物馆应运而生。20 世纪 80 年代以后，随着世界许多城市对工业遗产地的改造和更新实践，对工业遗产建筑的保护和再利用引起了更多的关注，工业遗产博物馆作为一种工业遗产的保护模式，受到人们的重视，进而被认为是一种特殊意义的文化景观。

① 李舫：《博物馆：让哀恸永存心间》，载《人民日报》，2008-05-30（16）。

此后，德国成功地实施了对鲁尔工业区的产业结构调整，其中包括在该工业区建立了6座国家级工业遗产博物馆，工业遗产博物馆模式为更多的国家所了解。人们对工业遗产的认识，突破了以往给文化遗产划定的时间标准，将那些具有历史价值的工业建筑和设施以及生产制品等纳入文化遗产的范畴，以工业遗产命名，并从经济、文化、社会、环境等角度思考工业遗产的保护问题，在实践中探索有效的保护方法。目前全世界已被联合国教科文组织列入《世界遗产名录》的有50多处工业遗产，其中整体性保护的近代工业遗产地，一般均建有工业遗产博物馆。

德国弗尔克林根铁工厂展览设施

位于法国北加莱省勒瓦德镇，建立在原矿井之上的勒瓦德煤矿博物馆占地8公顷，包括8000平方米的工业建筑和地表建筑。该煤矿自1931年开始煤炭开采，到了1971年，由于矿脉枯竭导致了煤炭开采的结束。作为这一地区煤炭工业记忆的储藏室，在法国文化部、北加莱矿业公司和当地团体的提议下，勒瓦德煤炭历史文化遗产中心于1982年成立，1984年煤炭博物馆正式对外开放。导游讲解由原来的矿工亲自担任。身着矿工服的导游在原矿工淋浴室接待游客，这里曾是上千名矿工换班和洗澡的地方，现在成为煤矿之旅的入口处，自此将观众带入曾经的矿井世界。

为增添参观的趣味性，拉近参观者与煤矿的距离，增加切身的感受，煤炭博物馆发放给每个参观者一顶矿工帽，参观者乘坐矿车到达二号矿井底部参观煤炭筛选场地，然后到达距地面450米的隧道深处参观10个煤炭开采点。从地下矿井出来后，参观者可以看到煤炭开采机器设备、机房以及矿渣堆和煤炭运输铁路等遗址，并参观主题展室，使参观者的煤矿世界探索之旅异常丰富多彩。改扩建后，该博物馆设施包括公众接待厅、咖啡厅、餐厅、商店、会议室、演播厅、档案中心、行政办公室和临时展览大厅等，是目前法国最重要的煤炭博物馆，也是北加莱地区参观人数最多的博物馆[①]。

工业遗产博物馆往往具有与其他类型博物馆不同的特征。首先是馆址的不可移动性，即它位于工业遗址的原址，位于原来的区域，而不是在其他任何地方。其次是文物展品和文物藏品的不可替代性。工业遗产博物馆的收藏及展品都是在本遗址上发现的遗存，其他地方的工业遗存一般不纳入其中，因此文物藏品和文物展品的内容具有很强的专题性、区域性，一般多为反映近代某个时期某个地区的工业文明发展史。第三是遗址连同文物藏品一起被保护。遗址本身

① 隋立新：《法国文化遗产保护与利用的理念与实践》，载《中国国际友谊》，第7卷，2010年12月，134页。

也是遗产，它既是文物藏品的载体，同时又是展示内容，具有双重含义，是博物馆赖以存在的基础。

根据国际工业遗产保护协会2003年通过的旨在保护工业遗产的《下塔吉尔宪章》对工业遗产的定义，“工业遗产是指工业文明的遗存，它们具有历史的、科技的、社会的、建筑的或科学的价值。这些遗存包括建筑、机械、车间、工厂、选矿和冶炼的矿场和矿区、货栈仓库，能源生产、运输和利用场所，运输及基础设施以及与工业相关的社会活动场所，如住宅、宗教和教育设施等”。建立工业遗产博物馆是工业遗产的保护方法之一。工业遗产博物馆的产生与城市发展、工业转型有关，在一些早期工业发达国家，这类博物馆有较早较快的发展。

工业遗产是人类工业文明的物化形态。按照文化遗产的分类，工业遗产包括可移动的工业文物、不可移动的工业建筑群和工业遗址、非物质工业文化遗产等范畴。工业文物是指那些承载了工业文化的物件，例如机器设备、各种工具、装配线、制造品等；工业建筑群是指由一个个单体工业建筑聚集而形成的建筑群以及成片的工业建筑区；工业遗址是指那些工业活动的场所，例如开采后废弃的矿山、铁路等以及与工业生产相关的其他社会活动场所，例如工人的住房、教堂、学校等。非物质工业文化遗产包括工业生产的工艺流程、传统工艺技能等。

工业遗产博物馆是建立在近代工业遗址之上，以对该遗址及其遗存进行收藏、保护、研究与展示为目的，为社会公众服务的专门性机构。工业遗产博物馆的绝大多数文物藏品主要在遗址中，而不是在库房。工业遗产博物馆的遗产保护与管理与其他类别的博物馆有很大差别，工业遗产博物馆的文物展品一般都以原状陈列为主，以求最大限度真实地展现历史，文物藏品在遗址中展示并受到保护，而遗址本身作为工业遗产的一部分也受到保护。因此，工业遗产博物馆都不同程度地承担着保存工业文明的使命，并向公众展示反映工业发展史的内容。

伊朗德黑兰市玻璃博物馆

西方发达国家早于我国几十年率先进入了工业的转型期，而在我国各类博物馆中，工业遗产博物馆的建设起步较晚，数量不多。我国目前正处于产业的升级换代时期，可以预见，随着我国产业转型的进程，工业遗产博物馆的数量必将快速增长，成为我国今后博物馆发展的一个重要方面。例如青岛市拥有较为丰富的工业遗产资源，其中轻工业、纺织业尤其著名。青岛啤酒博物馆是国内第一座啤酒专题的博物馆，它利用 1903 年建厂时的德国工业建筑建馆，于

2003年对外开放，展示青岛啤酒的历史沿革、工业流程、企业文化等，年接待量超过30万人次，是一座极具工业文化特色的专题博物馆。

近年来，青岛市又将多处工业遗产和传统建筑辟为专题博物馆，例如盐业博物馆、烟草博物馆、葡萄酒博物馆、纺织博物馆、胶济铁路博物馆、机车博物馆、矿泉水博物馆以及消防博物馆、奥帆博物馆、茶文化博物馆等一批博物馆。海尔科技馆于1998年开馆，是海尔集团创业历史、企业文化、科技成果以及进行科普教育的基地。目前邮电博物馆等也在筹备之中，切实加强工业遗产保护与合理利用。上述工业专题博物馆大部分是青岛市根据自身特点，运用企业的力量进行创办。这种创办模式在理念、管理模式等方面，都是一种新的尝试①。

电信博物馆是中国电信集团公司的企业文化机构。电信博物馆以电信卡为选题，并可以根据不同需求及时集合各种专题展览。例如配合科技周、世界电信日、世界博物馆日等推出电信卡展览。通过电信卡展览向人们介绍我国科学家、艺术家、学者、教授、英雄模范、作家等不同行业的典型人物事迹，让人们了解和认识当代杰出人物的风采。3月植树节可推出以环境保护为主题的电信卡展览，5月可以搞以花卉为主题的电信卡展览，6月的文化遗产日可举办以历史文化为主题的电信卡展览等。通过观看电信卡展览，还能培养和促进我国电信卡市场收藏的兴旺②。

黄石位于长江中游南岸，素有“青铜古都”“钢铁摇篮”“水泥故乡”之称。作为青铜古都，黄石是华夏青铜文化的发祥地。早在

① 潘怡为:《青岛促进多种所有制博物馆共同发展》,载《中国文物报》,2010-06-16(7)。
② 程京生:《企业博物馆应针对性地开发流动展览》,载《中国文物报》,2011-04-27(4)。

3000 多年前，在这里就开始大规模矿产开采，大兴炉冶，留下了闻名中外的铜绿山古矿冶遗址。作为钢铁摇篮，黄石是近代我国冶金工业的发源地。19 世纪 80 年代，湖广总督张之洞在黄石设立大冶铁矿和炼铁厂，随后成立我国历史上第一个钢铁联合企业，即汉冶萍煤铁厂矿股份有限公司。作为水泥故乡，黄石拥有我国历史上号称“远东第一”的水泥企业，即华新水泥。1907 年慈禧太后御批兴建华记水泥厂，后改为湖北水泥公司。

黄石作为全国重要的工业基地，在工业遗产中，华新水泥、大冶钢厂、大冶铁矿等都代表了所在行业的发展水平，具有标志性。目前黄石大部分遗址、厂房和设备一直保存到了今天。铜绿山古铜矿遗址和汉冶萍煤铁厂矿旧址作为全国重点文物保护单位，工业遗产展示设施不断完善；依托华新水泥厂旧址建设的黄石水泥遗址博物馆正式启动，工业景观、工业遗址、工业建筑、机械设备以及工艺流程等保护项目和文物征集、资料收集等保护工作有续进行，一座工业遗产博物馆之城即将清晰展现。

专题博物馆的展示、传播、教育和社会服务工作，要突出地域特色，体现博物馆文化的多样性，在陈列展览设计和提供文化产品时，要体现博物馆的专题与社会生产生活紧密关联的特征，以独具行业特色并贴近实际、贴近生活、贴近民众的展览和服务，真正融入社会，成为广大民众流连忘返的思索、审美和文化休闲的理想场所。石家庄市是“火车拉来的城市”，100 多年前，正太和京汉铁路在这里交会，开始了石家庄的城市化历程。如今，随着火车站南迁规划的实施，旧火车站将退出历史舞台，改造成专题博物馆，展示火车机车的发展历程以及火车发展对这座城市的影响[①]。

① 刘卫华：《保护工业遗产 提升城市文化》，载《中国文物报》，2010-09-24（6）。

华新水泥厂

“满洲映画协会株式会社”于1937年伪满时期由日本人建立。1945年抗日战争胜利后更名“东北电影公司”。1952年正式更名为“长春电影制片厂”，成为中华人民共和国第一家电影制片厂，随后各个片种的第一部影片均在这里诞生，因此被称为“新中国电影摇篮”。长影电影博物馆建于长春市红旗街的长春电影制片厂原址，包括亚洲面积最大，储存道具品种、数量最多的电影道具库。在长春电影制片厂的档案馆保存着大量原始的电影资料，包括电影文学剧本、分镜头剧本、演职员表、美术手稿、黑白老剧照、送审报告单、上映许可证等文件及实物档案，见证了我国电影发展的历史，具有重要的文化价值①。

在20世纪60年代，国家面对严峻的国际国内形势，在西南和西北大后方进行大规模的国防和经济建设，称为“三线建设”。“三线建设”是特定历史时期的产物，有的已经成为历史，有的还在延

① 李琤：《见证辉煌 承载希望》，载《中国文化报》，2010-10-11（4）。

续发展。保护好“三线建设”工业遗产，对了解“三线建设”历史，解读我国当代工业和科学技术发展历史，传承工业文明有着重大的现实和历史意义。四川广安地处华蓥山区，连绵起伏的大巴山山脉成为天然屏蔽，是理想的战略后方。1965年至1972年，国家集中力量建设三线工程，先后在广安境内建成了10个大型企业，广安由此成为国家“三线建设”集中区域之一。

工业遗产博物馆与其他博物馆的区别主要在于它位于原工业遗址，利用原有的工业建筑作为馆舍，以原状陈列为主要展示方式，最大限度地保留与当时工业时代相联系的工业生产与社会生活环境，给观众以全方位的原汁原味感受。每个“三线”企业不仅有大规模的办公楼、宿舍楼和生产厂房，而且还有各自的电影院、医院、学校、招待所、商店等配套设施，厂区社会功能十分完善。调查统计，10个大型企业厂区占地3500余亩，厂房建筑面积多达40余万平方米。目前，广安市已经征集到“三线”企业的大量生产设备、产品、档案、模具等实物资料，正在积极筹建“三线建设”工业遗产博物馆，以便科学保护和合理利用这些工业遗产。

企业博物馆以企业为经营主体，反映本企业或相关行业的历史发展、重大事件和著名人物，形象地展示一个企业或行业的发展历程，既构成企业文化的重要内容，又成为宣传企业形象的载体。例如德国本茨汽车公司的汽车博物馆是行业博物馆中的典型，其中展出一些汽车工业各个历史阶段的代表性品牌汽车，同时展示的汽车工业历史从过去一直延续到今天。一些企业博物馆以企业的某一幢历史建筑作为馆舍，展示的物品中也有属于工业遗产的旧工业机械设备和制造物品等。但是由于博物馆所属的企业还存在，并且在不断地发展，随时还有可能将新的机械设备、生产制品等充实到博物馆的展品中来。

1998年3月，日本本田公司为庆祝成立50周年开设了本田珍品馆，作为专题博物馆主要展示本田公司自创业以来研发和制造的各种摩托车、家用轿车以及赛艇、赛车等相关产品。博物馆内共珍藏着350辆摩托车和汽车，每年有大约20万人前来参观。在学习区，摆放着本田研制的各种自立人形机器人，参观者可以亲自体验被用于制造机器人的最新技术。博物馆里还设有安全驾驶体验中心、卡丁车游乐场等各种与驾驶有关的学习和娱乐设施，更有两条11.5英里（约18.5千米）和2.9英里（4.7千米）长的双环形赛车跑道，观众可以亲身体验驾驶赛车的乐趣[①]。

工业遗产博物馆产生的历史虽然不长，但是得到越来越多国家的重视。实践证明，工业遗产博物馆不仅能有效地保护工业遗产，而且可以成为工业文化旅游的内容，产生巨大的综合效益。将工业遗产转化为产生新的经济价值的文化资源，成为许多西方国家在制定工业遗产保护政策时所追求的目标，这也是在发达国家工业遗产博物馆呈现较快发展的重要原因。在工业遗产博物馆中，有些工业遗址是矿山，例如铁矿、煤矿等矿井，或是交通运输业，包括铁路，桥梁等，不可能将它们置于建筑内展示，因此原状的露天展示成为普遍的方式。由于有很多工业遗产博物馆本身就是在露天的环境之中，因此很多工业遗产博物馆也属于露天博物馆。

将旧工业建筑迁移到一个地方实行集中保护，这一方法源于瑞典斯坎森半岛的露天工业遗产博物馆模式。1891年，瑞典政府为了保护分散在各地的许多面临毁坏的重要历史建筑，将它们迁移至斯坎森半岛，采取集中保护的方式，于是诞生了世界上第一座露天博

① 严圣禾：《吸引全球车迷的博物馆》，载《光明日报》，2011-02-22（8）。

物馆。这种方法对欧美国家产生了很大影响，各国纷纷效仿。这些工业建筑物、构筑物分别从不同的地方迁来重建，被保存在露天博物馆的环境之中，它们承载着重要的历史信息，但是与这些工业遗产相关的原有历史环境的联系却不能被完全复制出来，因此在很大程度上丧失了工业遗产的社会价值。

就文化遗产的保护而言，工业遗产博物馆将工业遗产连同其周围的原来环境一起保护，这是对工业遗产进行整体性保护的关键。英国著名的泰特艺术馆系列中，有几座就是利用旧工业建筑改建而成。1988 年，泰特家族在利物浦废弃的阿尔伯特码头旧仓库里建成了利物浦泰特美术馆。1993 年英国南部海滨优美的艺术小镇诞生的圣艾富斯泰特美术馆，是利用当地废弃的煤气站改造而成。2000 年正式开放的伦敦泰特现代美术馆则是利用伦敦发电厂建筑改建而成，至今每年的观众量都达到 400 万。

由于工业遗产博物馆往往坐落于经过改造的旧工业建筑之中，建筑的外表基本上保持着过去的原貌，因此真实地保留着历史的“记忆”，但建筑内部经过一定的改造，除了建筑结构之外，其他部分都有了较大的变化，馆舍坐落于工业遗产之内是出于对历史建筑的保护性利用。无锡中国民族工商业博物馆，其原址为荣氏的茂新面粉厂建筑，博物馆除了收藏并展示面粉厂生产流程的机械设备之外，又将分散于其他地方的旧棉纺丝织工业生产机械设备等也迁移到博物馆之中，形成一种对多种工业遗产的混合型的保护与展示。

中华人民共和国成立后的“一五”“二五”建设时期，沈阳是全国第一的重工业基地。而素有“东方鲁尔”之称的沈阳铁西区，更是一个超大型的工业区，在中国工业史上有着重要地位。铁西区剩余的老工厂，生动记载着中国工业化的丰富历史信息和曲折的演变过程。在目前尚留存的老厂房基础上建设中国工业博物馆是一个可行的保护利用办法。这不仅能极大丰富沈阳市的博物馆种类，也能形成一个多层次收集、保留并展示中国工业历史积淀和工业文化魅力的博物馆网络，在中国工业博物馆的大框架下，筹建不同类型的工业博物馆。

中国沈阳工业博物馆在现有的沈阳铁西铸造博物馆基础上进行改造和扩建。铸造博物馆由1939年建厂的沈阳铸造厂老厂房改建，共展示各类工业文物约2000件。博物馆还通过对工业遗产保护性再利用的方式，设置26个展馆，包括石油和天然气馆、金属馆、焊接及材料馆等。博物馆的文物征集一直在持续开展，例如第一台多轴自动车床、第一枚金属国徽、第一批自动保护开关等铁西创造的“工业第一”就达200余个，先后在工业博物馆内进行集中展示，并以社会征集和收购老企业废旧机器及零部件两种形式，收集工业文物。“工业博物馆不但要展示工业，还要展示老工人的生活面貌”，老工人的工作服、工具和生活物件等皆为文物征集内容[①]。

沈阳工业博物馆

① 李明欣：《谁家有工业文物赶紧送去》，载《沈阳晚报》，2011-05-19（A4）。

国际博物馆市场营销实践初探[1]

（2013 年）

“营销”一词最早起源于日本，它的最初含义是指企业把产品或承诺的服务提供给顾客以获得利润的行为。博物馆的市场营销由来已久。19 世纪后期，欧美已经进入“博物馆时代”，在一些发达国家，博物馆逐渐成为文化市场的有机主体。例如美国大都会艺术博物馆的文物藏品极为丰富，从史前到近代，集中了 5000 多年来各类文化艺术的精粹。大都会艺术博物馆于 1871 年就出版了第一本博物馆藏品目录，而 1872 年的年度报告已经显示，博物馆创办人正式同意发行博物馆文物藏品的复制品，以使文化艺术推广更加普及化。1908 年，大都会艺术博物馆开办了首家博物馆商店。1921 年该博物馆又开始印制文化产品目录，并向会员寄送。

早在 1955 年，美国就创建了具有国际性的非营利组织——博物馆商店协会。关于博物馆市场营销理论，J. 麦卡锡（J. McCakhy）在其《营销学》中最早提出的 4P（产品、渠道、价格、促销）理论，曾经影响广泛，其概要指出了博物馆市场营销策略的几个重要环节，但是并不能涵盖全部。特别是在“政府对博物馆的补贴已不再慷慨”的不利背景下，美国各博物馆尝试用市场营销手法经营传统行业，取得了不俗的业绩。同时也注意到，进行成功的市场营销对博物馆

① 此文发表于《紫禁城》，2013 年增刊。

发展具有重要意义，是促进博物馆社会价值实现的有效方法和现实之路。

早在20世纪中期，国外一些博物馆就开始思考文化产品的研发和经营。它们在保持自身非营利公益机构性质的同时，立足于所在国家和地区的经济社会发展现状，审视自身生存环境和发展需求，引入市场理论、方法和手段，逐步建立起适应外部环境的管理体系和运作模式。1969年，英国学者P.科特勒（P. Kotler）与S.利维（S. Levy）更为明确地将市场营销与非营利性组织联系起来，最早提出博物馆市场营销概念，他们在《营销概念的拓展》一文中指出，市场营销的概念不仅仅适用于企业等营利性组织，同样可以适用于诸如博物馆、教堂、慈善机构等非营利性组织，因为任何组织都不可避免地要采取市场策略。

20世纪70年代以前，美国的博物馆商店一般只出售书籍和明信片等物品。随着市场经济的发展，包括博物馆在内的非营利性组织，为了维持自身的生存和发展，开始意识到需要主动面向市场，竞争稀缺的社会资源。在此背景下，一些博物馆开始进行引入市场营销的尝试。大都会艺术博物馆率先开始经营“与博物馆相关的商品”，艺术复制品最初是复制欧洲的著名雕塑，后来开始复制馆藏艺术品。同时，博物馆商店内海报、首饰、艺术图书等琳琅满目，每逢大型特展还不断推出新的文化产品。由于积极从各方面寻求合作，多渠道研发文化产品，并将所集资源回馈于博物馆自身建设，最终取得了显著的成绩。

1974年，在丹麦哥本哈根召开的国际博物馆协会第10届全体会议，形成修改后的博物馆定义，特别强调博物馆是“不以营利为目的”的永久性机构。当时，大多数博物馆并不认为自身管理与市

法国卢瓦尔河谷香波堡

场营销有关，也没有考虑市场营销可以在多大程度上促进博物馆的发展。然而，20 世纪 70 年代末一场席卷世界的经济大萧条，直接影响了一些国家政府和社会公众对博物馆等公益性机构的财政支持，自 20 世纪 80 年代开始，许多国家政府开始推行包括大幅削减对博物馆财政支持的紧缩政策，使博物馆普遍遇到财政困难。面对巨大的生存压力，传统的管理方法和运营理念难以解决现实问题，致使许多博物馆不得不另外寻找出路，逐步开始引入市场营销理念。

1982 年 9 月 27 日，美国著名《广告时代》杂志登载的《博物馆跳进市场经济大潮》一文，描绘的就是当时的境况。这篇很有分量的文章，副标题是《经济现状、竞争的诱惑驱赶着他们》，文章开头写道：在以前当你在博物馆的领导面前将他们神圣机构的名字与市场营销这个词同时使用时，他们最典型的回答是“博物馆是文化财富的珍藏所，是文化艺术的殿堂，不能被粗俗的销售技巧所玷污”[1]。文章批评说：显然，这种观念已经不再适用于现代的社会发展，博物馆用市场营销的各种方法、手段来吸引观众，扩大其社会效益的做法已被普遍接受并且广泛运用于博物馆工作实践中。

这一时期，博物馆领域的主流观点是博物馆为“以藏品为中心”的机构，市场营销仅仅被作为推介博物馆文化产品的一种手段，并用于宣传推广博物馆策划的陈列展览和文化活动。即便如此，这些尝试仍然对当时的国际博物馆领域产生了很大触动，使为公众提供与博物馆藏品、陈列展览内容相关的文化产品，逐渐成为国际博物馆界的价值取向和发展趋势。美国市场营销协会（ANA）于1985年对市场营销做出定义：“营销是对思想、产品及劳务进行设计、定价、促销及分销的计划和实施的过程，从而产生满足个人和组织目标的交流。”

为了促进非营利性组织的健康发展，各国政府往往对其经营活动实行税收优惠政策，同时又加强引导和监管，以保证这些经营活动不损害其公益目标。在美国，凡是寻求税收优惠的非营利性组织都可以向美国税收部门申请免税资格。为了取得这个资格，这些非营利性组织必须通过组织测试和运行测试。1988年的美国联邦税法还规定，所有要求免税的机构，有责任向公众提供上交税收部门审查的近3年的年度报告主要信息。管理非营利性组织经营活动最核心的问题，是区分这些经营活动与非营利性组织的相关性，目的在于保障非营利性组织享受税收“特权”，同时又不滥用“特权”[2]。

1989年9月，在荷兰海牙召开的国际博物馆协会第15届全体会议，再次修订了《国际博物馆协会章程》，规定“博物馆是一个为

① 杨玲：《博物馆市场营销的若干思考》，见《博物馆观察：博物馆展示宣传与社会服务工作调查研究》，159页，北京，学苑出版社，2005。
② 李艳：《博物馆文化产品的“N”种解读》，载《中国文物报》，2010-02-24（5）。

社会及其发展服务的、非营利的永久性机构”。这一定义成为博物馆区别于其他社会机构的重要特征。从“不以营利为目的”，到“非营利性机构”，国际博物馆界对博物馆本身的思考，引发了博物馆经营和管理理念的转变。博物馆也逐步从“以藏品为中心”转向“以公众为中心”和“以管理服务为中心”。1990 年 P. F. 德鲁克（P. F. Drucker）出版了具有开创性的著作《非营利性组织的管理》，提出“非营利性组织需要市场知识”，“需要营销战略把客户和使命整合起来”，“为其服务项目设计合适的营销策略是非营利性组织首要的基本战略任务”。

加拿大多伦多皇家安大略博物馆餐厅

进入 20 世纪 90 年代，博物馆数量的激增以及其他文化娱乐行业的发展，使博物馆遇到了前所未有的竞争，造成观众数量的严重流失。例如德国在 1991 年至 1996 年间的统计表明，5 年间博物馆数量增长了近 30%，而参观人数则下降了 9%。博物馆规模的持续扩大，门票收入的持续减少，使博物馆日常运营经费更趋紧张，亟须通过新的管理理念，建立起长效的、多元的创收和资金筹措机制。此时，P. F. 德鲁克关于“市场营销对于非营利性组织不是可有可无的选择，而是一种责任”，非营利性组织“需要承担营销责任，严肃认真地满足客户要求”等一系列观点，更加引起博物馆领域的关注。

非营利性组织市场营销理论的建立，推动了博物馆市场营销思想观念和理论的发展，市场营销的理论与实践也越来越多地渗透到博物馆的工作，并于 20 世纪 90 年代中期，在世界范围的博物馆领域逐渐盛行。在博物馆的专业杂志中，市场营销逐渐不再是需要回避的词汇，而被当作博物馆工作的重要方面。“经过多年的发展，‘营销’逐渐从一个让大多数博物馆专业人员‘难以启齿’的词汇，变成了博物馆流行术语，博物馆营销逐渐改变了其作为推广和宣传工具的身份，成为一种经营哲学和理念导向，它不再是一个单独的功能，而渗透到了几乎所有博物馆日常工作和功能中。”

随着市场营销在博物馆运营中的实践，经过诸多博物馆专家学者的研究，逐步形成了一套愈加成熟的博物馆市场营销理论体系。就博物馆市场营销的理论建设来说，1998 年，P. 科特勒（P. Kotler）和 N. 科特勒（N. Kotler）兄弟的《博物馆战略与市场营销》一书的出版，具有标志性的意义，为国际博物馆提供了专门的市场营销指导理论[①]。他们提出把博物馆发展战略与营销学结合起来，主张用策略性的市场规划方案，来解决博物馆在市场经济条件下怎样进行策略上的规划。这一方法的主要目的是塑造每一个博物馆与其他博物馆有所区别的形象，以决定自己特殊的使命。

一个多世纪以来，美国的博物馆已经走出了一条具有美国特色

① 万红：《新时期博物馆营销若干问题研究》，载《上海文博》，2009（1）46 页。

的博物馆市场营销发展之路。一是形成完善的市场营销理念和运作体系。二是形成完善和系统化的博物馆文化产品研发理念。三是引进和培养一批兼具经营管理和专业业务能力的人才。四是政府在支持博物馆发展的政策引导方面发挥了重要作用。美国的博物馆建立起稳定的文化产品销售渠道，例如在不同区域和场所设立各种具有专卖性质的博物馆商店，从而提高了以纪念品为主要表现形式的博物馆文化产品的经济效益，并最终促进博物馆文化的传播，提高博物馆的社会效益。

美国的博物馆大都设有礼品商店，带着参观纪念品离开博物馆已经成为观众的习惯。美国博物馆的市场营销，主要采取博物馆商店的经营形式。在过去的一个多世纪，大都会艺术博物馆出版物和复制艺术品的研发活动不断发展，至今其艺术类书籍和复制名画已经数不胜数。其中艺术类书籍是该馆商品部的重要业务，雇用了115 名专业顾问，销售 8000 种出版物，被认为是美国出售艺术类书籍最重要的场所之一。该馆的精品店则是独一无二的礼品店。此外，雕塑和装饰品的种类更是包罗万象，包括银器、水晶、玻璃、陶瓷、首饰、领带以及丝巾等。

大都会艺术博物馆的文化产品销售范围广泛，每年寄出 1300 多万册文化产品目录，每年为 60 万人邮售文化产品。目前，大都会艺术博物馆商店出售的约 85% 的文化产品，是由该馆制造或直接监制，并只能在该馆所属博物馆专卖店销售。资料显示，大都会艺术博物馆商店 1949 年全年销售收入仅有 10 万美元，1972 年上升为 200 万美元，1987 年增加到 5500 万美元，2002 年已经超过 1 亿美元，使大都会艺术博物馆商店从一个纪念品销售中心，发展成为推动文化教育的重要机构和不可忽视的经费来源。

美国芝加哥艺术博物馆馆舍环境

从 20 世纪 80 年代起，大都会艺术博物馆商店，不仅在博物馆内有 5000 多平方米的营业厅，还在纽约的一些大型商场和美国其他城市设置了 12 家分店，采用特许经营的方式实现规模化发展，并在法国、德国、墨西哥、日本、新加坡、菲律宾等地分别设立了分店，拥有 340 余名销售人员。这些设置于购物商场和机场的分店，在出版物、复制艺术品等文化产品研发方面形成自己的品牌，特别是与陈列展览和文物藏品相关的实用性强、价位低的纪念品，不断吸引新的消费群体。此外，大都会艺术博物馆还设立了网上商店，以扩大经营博物馆文化产品。

大都会艺术博物馆在精品店销售的文化产品约占 85%，是由博物馆制造和直接监制生产过程，并只在博物馆的精品店方可购到的专利商品，精品店产品超过 2 万种，由于对品质要求严格，部分文化产品更是限量销售，所得盈利用于资助博物馆的运作及服务经费。博物馆商店销售者的服务质量，对能否留住顾客、提高回头率的作用不可忽视。无论其营销场所系博物馆自己经营，还是交由企业代理，都有明确要求，由博物馆人力资源部对商店服务员进行上岗培训，要求其了解博物馆历史、，掌握藏品知识，以便顾客选购商品时，能提供较专业的咨询。多年来，在其周到的服务下，人们参观后到商店看看，或到咖啡厅坐坐，已经成为参观博物馆必不可少的内容。

大都会艺术博物馆商店的购物袋本身，就是由设计大师 R. 哈瑞克（R. Harak）于 1978 年创作的平面作品，以大都会艺术博物馆英文名称的第一个字母 M 为元素，由大小不一的文艺复兴时期的印刷字体构成。每年约有 100 多万个拥有这一标志的购物袋，随着纪念品被带向全球各地。同时，配合其博物馆商品精致、典雅的总体特点，使观众产生“大都会艺术博物馆就是庄重和高雅的代名词，大都会艺术博物馆商店出售的商品就是品位与质量的保证”的观念。2005 年，这一标志甚至开始被单独作为博物馆文化产品出售，例如 M 胸针、M 磁贴、M 橡皮等。可以说，M 标志已成为大都会艺术博物馆的代名词，将大都会艺术博物馆的影响力扩散至全世界。

在美国，博物馆营业总收入的 8% 来自纪念品商店和出版物出售。博物馆商店是史密森学会博物馆市场营销的一大支撑。史密森学会博物馆的商店注重自行研发系列产品，其宗旨是“从藏品中获得灵感”。因此，它的文化产品别具特色、独一无二，带有史密森学会独有的太阳标记。而每件史密森学会的商品旁，都附有一张卡片，讲述该商品的研发缘由、背后的故事等，使观众在购买时再一次学习，同时将美好记忆带回家，或是馈赠他人，传播给更多的人。另外，对于未能亲自前往博物馆商店选购或是觉得先前购物还不够尽兴的人们，可以在各博物馆网站或是史密森学会网站上进行挑选[①]。

在各史密森学会博物馆商店的付款台，常有店员向观众推荐史密森学会的纪念币，由于每座博物馆的纪念币都带有自身独特的印记，因此鼓励观众多参观不同的博物馆，集齐全套纪念币，留作收藏。史密森学会博物馆在调查中发现，所属国立航空航天博物馆的学生团体中每人有 5 到 10 美元的零花钱，参观期间却只有 5 到 10 分钟的时间来消费这些钱。于是在该博物馆的纪念品店里，放满了各种中低价格的商品，例如军人身份牌、设计成行星造型的大理石纪念品、宇航员专食冷冻脱水冰淇淋等，其中仅 2004 年该馆就售出了 20 万份此类冰淇淋。

史密森学会所属的各家博物馆，因各自定位、展示主题、内容都不同，因此所研发的文化产品不仅形式和内容多样，更从价位上做出差异，以迎合不同观众的需要。在美国印第安人博物馆，不同楼层的店铺分别销售风格和价位相差较大的商品。二楼商店，呈现的大部分都是手工制品，琳琅满目，使人们惊叹美国印第安人各部落的精湛技艺。而公众在挑选商品的同时，也更多地了解了不同部族人们的生活、信仰等。在国家历史博物馆，泰迪熊是文化产品中的一大招牌，以它为形象设计的公仔、水晶球、明信片、胸针、T 恤、海报等，广受欢迎。而即便是同一款公仔泰迪熊，也有不同尺寸，可见博物馆市场营销的用心良苦[②]。

美国博物馆研发出来的文化产品不但具有博物馆藏品特色，更

① 郑奕：《在史密森尼博物馆中尽享自由》，载《中国文物报》，2011-04-27（4）。
② 郑奕：《在史密森尼博物馆中尽享自由》，载《中国文物报》，2011-04-27（4）。

注重品质的提高，同时还兼顾其背后文化意义的挖掘。同时，博物馆研发的文化产品种类丰富，可以满足各类观众的不同需求。美国博物馆在保证博物馆业务发展的基础上，还尝试引入外界的经营管理人才作为博物馆相关经营活动的管理者，并开始着手培养一批既具有经营管理才能，又熟悉业务知识的人才。一些经营管理人员在美国博物馆中担任了十分重要的职务，这些人才的引入对博物馆的运营和发展产生了积极作用。美国联邦政府不仅提供直接资助，还对社会各界给予博物馆的捐赠和文化产品研发实行免税政策。

美国旧金山亚洲艺术博物馆

经费匮乏是全球博物馆普遍面临的一个难题，但是美国的一些博物馆基于良好的管理机制和运作方式，通过市场营销创造出巨大的综合效益。市场营销的经济补充，既减轻了政府的财政负担，又成功突破了博物馆经费匮乏的“瓶颈”。例如 1994 年，美国博物馆的年度总支出为 368 亿美元，全日制就业人数为 130 万人，总工资为 252 亿美元，城市税收 7.9 亿美元，州政府税收 12 亿美元，联邦政府税收 34 亿美元[①]。

美国相关机构对于费城艺术博物馆经济影响力的研究表明，该馆是大费城地区诸多文化机构中，唯一有能力吸引大量外地观众的文化机构，而这些观众在博物馆每消费 1 美元，就会为费城及邻近区域带来超过 4 美元的其他各类消费。例如 1996 年，费城艺术博物馆举办的塞尚作品特展，13 周的展览期间内观众人数达到 55 万，产生了 1 万间宾馆客房利用量，并使地区经济获得了 8600 万美元的收入。在 2003 年财政年度中，费城艺术博物馆为大费城地区带来的各类消费收入增长到了 1.69 亿美元，并因此创造了 3023 个就业机会，而博物馆创造的每 1 个工作岗位，在费城及宾夕法尼亚州也随之产生 5 个工作岗位。此外，费城艺术博物馆还为地方政府直接创造了 1250 万美元的税收[②]。

有关材料表明，2000 年美国共有约 8600 座博物馆，有史以来第一次吸引了 10 亿以上的参观者。如此庞大的博物馆数量，其资金除政府拨款外，主要有三个来源：基金会、企业和个人。例如位于华盛顿的国家博物馆其资金的 70% 来自政府拨款，其余 30% 由企业和个人支持的基金会提供。除了政府资助、企业赞助、个人捐赠等资金来源外，一些博物馆举办的特别展览和巡回展览也给自身带来了不菲的收入。史密森学院所属博物馆是世界上最大的博物馆群，共包括 19 座各种类型的博物馆。这些博物馆所获得的政府拨款，仅

① 张和清：《美国博物馆的管理与运作》，载《中国文化报》，2008-10-22（7）。
② 张颖岚：《美国博物馆与社区发展的互动》，载《中国文物报》，2007-04-27（6）。

占其年度经费需求的30%至40%，其余部分由博物馆自筹经营解决。

史密森学会博物馆提供的餐饮配套选择多样、价位适中，并富有各博物馆的特色，正契合了它所提倡的“在学习中享受，在享受中学习”。一方面能快速满足大量参观人群的餐饮需求，另一方面人均消费仅10美金左右，经济实惠，而团体餐饮若提前预订，还可以享受折扣。在美国印第安人博物馆的咖啡馆，观众可以一边尽情欣赏不同部落的典藏，一边自由选择跨越西半球的各种印第安部落食品，包括源自南美、西北海岸、中美洲、大平原等地区的特色佳肴。每个窗口的员工还会热情向观众展示各种菜肴的烹饪方法、原材料以及独特调味品。而每张餐桌上，都放置有小标牌，以文字、图案形式为观众诠释印第安人的饮食习惯、饮食文化等，使饮食的过程成为博物馆展览的文化延伸和特色解读[①]。

加拿大多伦多皇家安大略博物馆餐厅

① 郑奕：《在史密森尼博物馆中尽享自由》，载《中国文物报》，2011-04-27（4）。

基金会是美国博物馆的主要支撑之一，它用各种方式寻找社会资金，然后由基金会理事会监管基金的使用。美国的许多博物馆都建立有发展基金。大都会艺术博物馆拥有近 20 亿美元的发展基金，用于多种组合投资，包括各种股票、政府债券等，每年将一部分投资收益注回本金，以保证基金规模的不断扩大。华盛顿的国家博物馆有一个庞大的体系，资金的 70% 来自政府拨款，其余 30% 由社会知名人士、企业和个人支持的基金会提供，企业对文化事业的捐助可以免税，因此企业和个人都愿意把钱投到博物馆基金会中，这也决定了博物馆靠各个基金会来支持。

虽然大部分博物馆免费开放，但是电影票、食物和纪念品等的销售却在快速增长，2004 年销售收入达 1.563 亿美元，为博物馆带来了 2670 万美元的净利润，几乎是博物馆可以自行支配资金数目的一半。但是，美国博物馆界对非博物馆人员参加博物馆管理工作一直存在不同意见，人们认为具备现代化管理意识和市场运作理念，并拥有经营管理能力的博物馆业务人员，将比单纯的经营管理人员更了解和熟悉博物馆的运营规律和经营理念，因而更有利于博物馆的发展。因此，美国博物馆也注重培养自己的既具有经营管理才能，又熟悉业务知识的人才。

博物馆的场地、馆舍及设备等资源是事业发展的物质基础。因此，除了动员人力资源之外，还必须动员物质资源投入博物馆发展。博物馆场地和馆舍具有一定的规模，而且具有地理位置优势，是市民理想的休闲场所，也是博物馆进行市场营销的优良平台。美国的许多博物馆不仅具有传统职能，而且现在已经成为多种娱乐活动的场所。例如华盛顿的各大博物馆坚持为公众举办免费音乐会。国家艺术博物馆的花园中每星期日晚 7 时举行免费音乐会，著名指挥家

R. 贝尔斯（R. Bells）经常在这里指挥管弦乐队演奏。纽约州罗彻斯特大学纪念美术馆每月的第一个星期五晚上，向 1500 名青年学者开放，这些青年学者在展厅中交谈、喝饮料、吃便餐、听爵士音乐和学术报告[①]。

目前，美国博物馆已成为家庭旅游度假目的地的前三名。例如大都会艺术博物馆是当地的第一旅游胜地，2001 年观众人数为 540 万人次，超过任何其他旅游目的地，观众数量的大幅增加为博物馆市场营销带来机遇，其中博物馆商店的效益有了明显的提高，持续增长的经济效益，也使博物馆为观众服务的各项设施得到改善。大都会艺术博物馆的研究数据表明，在观众参观博物馆的行为后面，存在着一个巨大的消费市场，从餐饮、住宿、休闲、旅游纪念品到交通，各种不同的消费需求覆盖了城市的许多区域。

在欧洲，市场营销已经形成相当规模，成为博物馆发展在经济上的重要支撑。博物馆的市场营销发展和文化产品研发的特点，主要表现在政府对博物馆事业发展的政策扶持、财力供给和宏观调控管理。1996 年，伴随英国政府宣布将会降低政府对博物馆的资助，大英博物馆开始尝试其他能够获得经济收入的活动，研究报告表明，通过市场营销等自身努力所获得的收入在 1993 年仅占总费用的 16.1%，而到 1997 年则达到 25.9%[②]。此时，博物馆市场营销与文化产业发展密切相关。2002 年，英国的文化产业占英国 GDP 产值的 8% 左右。文化产业发展取得的成绩与政府的政策支持和资金投入密不可分。英国政府同时将博物馆的市场营销也列入文化产业振兴发展的范围之内。

① 张和清：《美国博物馆的管理与运作》，载《中国文化报》，2008-10-22（7）。
② 田艳萍：《国外博物馆经济学研究概述》，载《博物馆研究》，2009（1），16 页。

英国苏格兰皇宫公共空间

虽然一般意义上认为博物馆对于经济发展来说无足轻重，但是英国伦敦经济学院专家的调查报告显示，博物馆对英国经济的影响，每年达到15亿英镑。“博物馆也是英国出口支柱，就像汽车工业和对冲基金”，博物馆成为经济发展中的有机组成部分。报告认为，最近几年中博物馆的角色有“根本上的改变”。在英国共有1848座博物馆，43%的英国人在过去一年中参观了博物馆。英国的一项调查显示，游客到英国常去的前10个目的地中，博物馆占到了7个，且排在前三位的都是博物馆，分别是大英博物馆、泰特当代美术馆和伦敦国家画廊。

在此背景下，博物馆普遍开设商店出售其文化产品以获得经济利益，并扩大博物馆的社会影响。例如英国维多利亚和艾尔伯特博物馆就长期经营着三个固定商店，同时还随临时展览的举办增设临时商店。博物馆商店中的文化产品，一般由博物馆专门设计制作，产品设计优美、制作精良，不仅包括文物复制品、图片、画册等，还包括大量加入博物馆藏品的文化元素而设计制作的生活用品。为塑造优秀博物馆文化产品品牌，博物馆不惜在世界各地寻找合作人和制造商。目前该博物馆的产品研发合作人已有 85 个之多，他们分布在英国、欧洲大陆、北美和日本等地，博物馆文化产品的影响力也随之蔓延到世界各地。

目前，大英博物馆每年接待观众达 600 多万人次。其主要收入来源大体可以分为四个部分，即政府补贴、企业赞助、社会捐赠和商业经营性收入。例如 2007 年大英博物馆全年收入为 7444.7 万英镑，其中政府补助 4164.8 万英镑，约占总收入的 56%；企业赞助和社会捐赠 436.8 万英镑，约占总收入的 6%；市场营销方面的收入 2843.1 万英镑，约占总收入的 38%。由此可见，虽然政府补贴仍然是大英博物馆的主要收入来源，但是，市场营销方面的收入所占比例，呈逐年递增的趋势，并且具有较大增值空间[①]。

英国博物馆文化产品研发有一个值得借鉴的方面，就是其灵活的经营和管理机制。以维多利亚和艾尔伯特博物馆为例，该馆为更有效地管理博物馆市场营销，由其董事会组建成立了维多利亚和艾尔伯特有限公司。该公司全部利润上缴博物馆，并享有国家的免税待遇，主要经营范围为：零售业务、颁发许可证、邮购业务、场地出租和出版业务。公司的特别活动部负责安排利用博物馆及其所属机构的场地举办活动，这些活动包括外界公司和机构举办的宴会、招待会、音乐会、讲座、研讨会和会议等，租金在 1000 英镑至 13000 英镑不等。

① 焦丽丹：《免费开放下的英国博物馆（上）》，载《中国文物报》，2009-12-16（7）。

英国大英博物馆公共空间

在法国，博物馆的市场营销受到旅游业的带动和影响。法国是世界上博物馆最多的国家之一，首都巴黎是世界旅游收入最高的城市。法国旅游业的兴旺主要得益于丰富的文化景观和历史遗产，得益于政府的文化遗产管理制度，反过来旅游业的发展也为这些文化景观和历史遗产的价值提升和文化传播带来新的机遇。同样旅游者的大量涌入和旅游消费的强烈需求，对于博物馆市场营销产生重大推动作用。例如卢浮宫艺术博物馆于 1993 年初改制后，取得了“自主经营权”，但是所有权仍归国家。博物馆每年门票收入为 8000 万欧元，但是每年的运营和修缮费用却高达 5.6 亿欧元，这些差额只能靠政府财政、社会赞助和市场营销解决。

法国的博物馆纷纷引入现代市场营销模式，销售与博物馆藏品相关的文化产品，例如根据观众需要销售馆藏文物复（仿）制品，销售馆藏文物相关书籍，销售馆藏文物藏品图录等，这些文化产品销售行为不仅局限于国内，甚至发展成为国际化的市场营销模式。据报道，法国博物馆商店的销售额以逐年10%的增长率递增，例如凡尔赛宫的博物馆商店日均接待参观者5000人次。法国博物馆商店的定位是出售优质文化产品的高雅场所，要求店堂布置富有艺术气息，与博物馆的整体气氛相协调，并对文化产品质量严格把关，供货商均是经过认真选择的性价比最高者。

卢浮宫艺术博物馆为了扩大资金来源和提高社会影响力，开辟出2000平方米的临时展厅，每年举办10余项与自身文化定位相关的展览。此外，一些博物馆设施向社会开放，为各类临时性学术报告会和其他文化活动有偿提供场地和服务，年收入达2500万法郎。博物馆还开辟了网上商店，专门经营以油画复制品、珠宝配饰、丝巾配饰、耳环项链、工艺品等为主的博物馆文化产品，品种多达289类。2007年卢浮宫艺术博物馆市场营销收入3270万欧元，占自有资金的40%；国家博物馆联合会市场营销收入7000万欧元，同比增长11%，有效地缓解了博物馆资金的不足。

为了满足观众的多样化需求，博物馆商品丰富多彩，观众既可以买到1~2欧元的书签、铅笔等廉价文化产品，也可以买到上千欧元的高仿绘画、雕塑等高档文化产品。由于博物馆商品物有所值，具有文化含量，因此博物馆商店已经成为人们购买礼品、纪念品的首选。起初博物馆商店只是作为博物馆收入的补充，后来逐渐发展成为博物馆收入的重要来源。今天，许多博物馆商店除销售与文物藏品相关的文化产品外，大部分博物馆还从事辅助性活动，这些辅助性活动的收入逐渐成为博物馆运营经费的重要组成，同时也间接地促进了文化艺术普及①。

① 张和清：《美国博物馆的管理与运作》，载《中国文化报》，2008-10-22（7）。

博物馆独特的文化底蕴和艺术氛围，为其他社会公共场所不具有，这里不但可以烘托相关文化活动的高雅人文情调，凸显主办者的文化素质和文化追求，而且可以给博物馆带来意想不到的收益。例如 2008 年 6 月，卢浮宫艺术博物馆陈列出珍藏的达·芬奇 22 幅画作，在馆内举办“达·芬奇之友”的美式私人募款餐会，受邀请的贵宾中有欧洲皇室成员、美国社交名媛以及来自亚洲和墨西哥的企业巨头。贵宾们欣赏画作后，在有着 2000 年历史的希腊罗马雕塑的环绕之下用餐，最后再到玻璃金字塔下聆听乐队的表演。餐会后贵宾每人为博物馆至少捐赠了 1 万美元，卢浮宫艺术博物馆在当天晚上增加收入约 269 万美元。

卢浮宫艺术博物馆馆长 H. 路瓦莱特，自 2001 年上任以来，就致力于深度发掘卢浮宫这块金字招牌的价值，被视为卢浮宫艺术博物馆历任馆长中最具企业经营手腕、也最富争议性的馆长；他抛开以往的管理方式，不断开拓新的财源。例如 3 年前，由畅销小说改编的电影《达·芬奇密码》拍摄时，卢浮宫艺术博物馆便以一天约 3 万美元的价格，同意摄制组在博物馆内进行实景拍摄，共获得了 253 万美元。博物馆的镇馆之宝通过大屏幕进入公众视野，因此，2008 年卢浮宫艺术博物馆创下了超过 840 万人次的观众记录。其中 26 岁以下的年轻人占了 4 成，完全颠覆了博物馆的传统印象。如果以每张门票 9 欧元计算，仅门票收入就超过了 1 亿美元[①]。

随后卢浮宫艺术博物馆邀请各国导演进行以卢浮宫为主题的创作，《博物馆奇妙夜 1》和《博物馆奇妙夜 2》已经为 20 世纪福克斯公司在全球取得近 10 亿美元的总票房，并成为向年轻人推荐卢浮宫艺术博物馆的有效手段。编剧托马斯（Thomas）已经又在创作第 3

① 林孟仪：《“卢浮宫公司”生财有道》，载《北京晚报》，2009-11-23（25）。

部，各大博物馆都想成为第3个幸运者。通过电影这种大众文化传播形式，博物馆不再仅仅吸引外国游客，本国的年轻人也多了起来，使年轻人在文化生活方面有更多的选择，使年轻人把在博物馆流连忘返也当作日常生活的一部分。目前卢浮宫艺术博物馆基本陈列展览观众的平均年龄只有25岁，这是相当令人羡慕的成就[①]。

2007年10月，法国议会批准了在阿布扎比建立卢浮宫艺术博物馆分馆的计划。卢浮宫艺术博物馆分馆占地约26万平方米，将在2012年前后向世人开放，卢浮宫艺术博物馆向其出借各个年代、各个地区的文物藏品。文化部长K. 阿尔巴内（K. Albany）估计30年内阿联酋将向法国支付约10亿欧元，其中4亿欧元用于支付卢浮宫艺术博物馆30年的品牌使用权。阿布扎比卢浮宫艺术博物馆分馆还将支付5.75亿欧元，一方面，引进法国艺术管理人员和艺术工作者；另一方面，对一处法国宫殿进行修缮，并在巴黎建起一个艺术品修复中心。同时，开馆10年内，阿布扎比卢浮宫艺术博物馆分馆每年支付1.5亿欧元，向法国卢浮宫艺术博物馆租用文物藏品。

近年来，越来越多的国际博物馆界学者和专业人员接受市场营销模式和经营理念，以应对日趋激烈的竞争和挑战，并在实践中发现，将市场营销运用在博物馆运营上，既能更加充分地发挥自身价值，又可以吸引更多的观众，使博物馆职能与社会公众利益双赢。2007年开始的金融危机，到2008年开始走向失控，许多大型的金融机构倒闭或被政府接管，英国的博物馆也随着金融危机迎来了“寒冬”。英国文化大臣B. 佛利特（B. Follett）指出，2007年12月许诺拨款给大英博物馆2250万英镑的计划，因为政府财政紧缩而被搁置。金融危机的消极效应使政府不得不转移注意力，使艺术发展

① 杨雪梅：《拥有年轻 拥有未来》，载《人民日报》，2010-01-29（17）。

法国卢浮宫博物馆

问题得不到优先考虑。

大英博物馆来自文化媒体运动部的津贴补助于 2010 年至 2011 年间被中止。据英国艺术和经济委员会统计，大约有 40% 的公司表示，他们对未来赞助艺术的资金会有所节制。同时，还有其他一些艺术基金会纷纷宣布退出博物馆。实际上，银行、公司对博物馆缩减赞助的行动已经开始。曼彻斯特的科学工业博物馆失去了冰岛银行 90 万英镑的赞助，博物馆负责人 S. 戴维斯（S. Davis）表示，原计划要将这笔钱用于博物馆教育计划，现在所能做的就是去积极争取拉回赞助，并保证不要影响到博物馆的服务质量。面对如此严峻的形势，英国的博物馆界提出了“重新创造，等待新的起航”的口号，各个博物馆各显其能，应对金融寒流的来袭[①]。

从目前的情况来看，法国博物馆文化事业的正常运行更多地还

① 李宏坤：《金融危机下的英国博物馆》，载《中国文物报》，2009-07-03（6）。

是依赖于政府的拨款。卢浮宫艺术博物馆 H. 罗列特（H. Lloret）馆长曾说，“30 年前我进入博物馆工作时，大家只是早上去开门，晚上把门关起来，根本不用花心思去管参观人数、媒体等。但是现在情况变了，卢浮宫艺术博物馆面临的竞争压力加剧。加上法国政府紧缩预算，因此卢浮宫艺术博物馆只好自寻财源”①。各博物馆面临的问题不仅是赞助的减少，还有因经济危机导致的大量海外游客的流失，门票收入和文化产品零售收入的锐减。

2009 年 12 月，法国博物馆员工为抗议政府裁员而举行罢工，奥赛博物馆、罗丹博物馆等多座著名博物馆被迫关闭。这次罢工由法国全国总工会等多家工会发起，目的是抗议政府日前修改的公共政策，包括文化部门重组、裁员以及削减经费等。在一封致法国文化部长的公开信中，蓬皮杜艺术中心劳工联盟的负责人写道：“不满足蓬皮杜艺术中心的要求，意味着让首都的个性在消费文化中窒息。”不少游客对此表示惊讶，慕名而来的人们只能去其他的地方参观。一些市民因此担心对法国的形象造成损害②。法国总工会文化部门发言人阿莱梅（D. Alaime）谈到裁员时说，新政策会对艺术品、古典建筑的保护工作带来不利影响③。

一直以来，法国博物馆界似乎都呈现一片欣欣向荣的景象。然而，2011 年初法国审计法院公布的一份报告却给这股“博物馆热”泼了冷水。这份 200 多页的报告在对包括卢浮宫艺术博物馆、奥赛博物馆在内的 37 家国家级博物馆最近 10 年内的管理状况进行评估后指出：虽然博物馆 10 年来开放了更多的展厅，组织了更多的展览和活动，也购进了更多的文物藏品，出版了更多的图录，还延长了

① 林孟仪：《“卢浮宫公司”生财有道》，载《北京晚报》，2009-11-23（25）。
② 张明明：《法博物馆为抗议政府裁员罢工关门》，载《中国文化报》，2009-12-09（2）。
③ 《法国多家博物馆闭门谢客》，载《京华时报》，2009-12-04（A31）。

开放时间，但是这并不能掩盖由于经营管理理念的偏颇而带来的种种弊端。审计法院认为，法国博物馆面临的问题主要有经费过于依赖政府拨款、参观人群比例失衡、票价涨幅过快等。审计法院指出，大型博物馆应当通过拓展自筹资金渠道减少对国家的依赖，然而事实却不尽如人意。

2010 年夏天，意大利政府批准了削减文化艺术资金的计划。根据该计划意大利文化艺术资金将从 2008 年的 4.5 亿欧元削减至 2011 年的 2.62 亿欧元，是近年来规模最大的一次文化经费削减计划。该计划令意大利文化界人士感到难以接受，他们认为，这将会对国内文物保护造成不利影响。11 月 12 日，意大利文化界工作人员进行了 24 小时的抗议活动，当天许多包括博物馆在内的文化设施或关门歇业，或缩短了工作时间。抗议者们聚集在罗马、米兰等城市，喊着“增加预算，点亮文化”的口号，要求政府增加文化投入，但是抗议活动似乎并没有收到预期的效果[①]。

2010 年 6 月，德国总理 A. 默克尔（A. Merkel）对外宣布了 2011 年至 2014 年即将实行的 800 亿欧元财政紧缩计划，这一计划被称为“二战以来德国规模最大的一次财政紧缩”。2010 年 9 月，汉堡市政府公布了汉莎联盟城市历史上最大规模的一次财政紧缩计划，从 2011 年开始，汉堡市每年计划削减高达 5 亿欧元的财政支出，仅在文化领域就要削减 1.2 亿欧元。伴随财政紧缩计划的出台，一项关闭公共文化机构的计划，使德国民众真切感受到了财政紧缩公共文化建设造成的威胁。其中汉堡市政府将一座有着悠久历史的博物馆关闭的举动，使德国文化界人士忧心忡忡。

被关闭的是阿尔托纳博物馆，是德国最大的地方性博物馆之

① 冯倩：《意大利古遗址安全隐患不断》，载《中国文化报》，2010-11-29（2）。

一，主要展示德国北部地区的艺术及文化史，向人们介绍易北河地区文化历史的发展。陈列展品涵盖了该地区绘画、雕塑、手工艺品、文化史、渔业、航海业等方面的重要内容，向社会民众展示该地区的历史文化发展变迁。关闭阿尔托纳博物馆的举措被德国媒体称为"最滑稽可笑的举动"。有评论写道："节省当然没错，有着要削减5亿欧元的艰巨任务，这大家也都能理解。然而，关闭博物馆对于一个以文化中心自居的城市而言确实是不可挽回的错误，这也将是汉莎联盟城市第一次将见证城市历史的博物馆作为牺牲品。"①

如今，一些发达国家的博物馆有多种资金来源，主要来自几个方面：一是政府拨款、彩票和基金；二是各种商业经营性收入，尤其是博物馆文化产品的开发与经营；三是社会、企业和个人的捐助；四是门票收入，往往只占博物馆收入的一小部分，而并非主要资金来源。例如美国和加拿大运营状况最好的博物馆，门票收入通常只占其年经费需求的10%，因此，门票对于博物馆运营资金的影响并不大。日本江户东京博物馆为改变经费短缺的境况，制定了5个基本方针，并强化实行。一是降低成本，节约经费；二是导入赞助金；三是广泛宣传，增加广告宣传；四是提高质量；五是增加入场人数，增加收益。这些方针不单纯适用于单个的展览会，而是通过策划全年的整个计划展览，从而大幅度地增加参观人数以及收益。

博物馆体制改革在某种程度上有效地提升了公益性博物馆的自主经营权。为了生存和发展，各国博物馆最大限度地筹集自有资金，市场营销的理念不断加强，研发能力逐步提高，大部分博物馆的市场营销收入不仅可观，而且呈逐年上升态势，探索适合博物馆与市场营销相结合的发展道路。同时，越来越多的博物馆开始设立市场

① 宋佳烜：《德文化界反对给文化生活截肢》，载《中国文化报》，2010-09-28（4）。

营销部门，开展博物馆观众消费研究、临时展览推广、社会捐赠筹募、会员制度设立、文化旅游开拓、基金管理投资和整体形象策划等方面的工作[①]。

美国博物馆的资金来源之一，是通过授权和特许经营所取得的收益。一些企业围绕着博物馆的观众需求，研发并提供相关的文化产品，交纳给博物馆一定的费用，以求得博物馆的特许授权。此外，博物馆也会开放内部经营场所给外部的企业经营。这样，既满足了观众的需求，减少了博物馆自主开设相关服务设施的成本，同时也增加了收入[②]。事实上，很多博物馆都有举办各种公共活动的场所，便于开展多种经营项目。希腊的圣托里尼红酒博物馆，是1660至1950年间，作为酿造红酒的一处工业旧址，其出口处是一个现代气息很浓的商场，安排了几排酒吧桌椅，免费提供三种经典红酒品尝。其中甜红酒因味醇正而备受欢迎，游客品尝后纷纷购买[③]。

会员制作为博物馆市场营销的一种重要而有效的形式，符合博物馆服务社会的特点。各国博物馆历来都十分重视培养自己的会员，尤其是培养以专业人员为主的年轻会员，因为他们深信在这些人士中，有博物馆潜在的捐赠者、赞助人，甚至是未来董事会的成员。在美国几乎每个博物馆都有自己的会员组织。例如大都会艺术博物馆拥有会员近117000名，是全世界会员数量最多的博物馆之一，会员收入占到全部自筹经费的14%，是列为第三位的收入，已经成为博物馆稳定的来源之一。在英国，博物馆会员制度已经相当成熟，会员项目根据频繁参观博物馆的参观者、支持者的兴趣而进行调整，从而为人们提供切实的利益。

① 李晶：《关系营销：博物馆营销的新趋势》，载《上海文博》，2008（4），68页。
② 王小英：《美国私立博物馆的生存模式》，载《中国文化报》，2010-07-21（6）。
③ 方竟成：《希腊文化遗产保护的法律与实践》，载《中国文物报》，2009-08-07（3）。

会费收入具有来源稳定、无限制条件的特点，并且会员所带来的经济收入不仅仅是会费，也是捐款的重要来源，因此各国博物馆都努力发展自己的会员组织。在美国，虽然不同的博物馆会员制不尽相同，但是会员资格均为一年有效，须每年交纳年费，一般没有终身会员。会员享有的基本权利包括免费参观博物馆和文化产品购物打折[①]。个人或赞助商可以以多种形式为博物馆捐款，还可以出资成为会员，常见的是分等级的会员制度，按交纳会费多少享有不同权利，而博物馆根据缴纳会费的数量，为会员提供不同特色的优惠。

加拿大多伦多皇家安大略博物馆纪念品商店

目前，西方国家博物馆发达的会员组织，往往依靠富有吸引力的文化商品，维系着博物馆与广大会员之间的联系，会员也十分关注并愿意购买博物馆研发的文化产品。博物馆发展会员的过程，实际上就是博物馆开展市场营销的过程，在这个过程中实现观众对于

① 李大玖：《美国博物馆善经营 重规范》，载《北京晚报》，2011-05-23（35）。

博物馆而言，“由陌生人到熟人，直至成为朋友乃至合伙人”，博物馆会员制追求的目标，也是从迎接观众光临，到满足观众文化需求，获得观众经常前来参观访问的习惯，直至加强与观众之间的友好关系，实现观众对博物馆的忠诚。

一些博物馆还根据不同服务标准，形成不同级别的会员，并为不同级别会员组织不同的活动项目，不同级别的会员由于特性差异，可能在利益要求和利益获得上有所不同，甚至会员可以获得一对一定制性和特殊性服务，例如博物馆内部资料查询访问，参与尚没有对观众开放的一些博物馆空间和服务项目。博物馆的会员组织有的也会按照兴趣、专业等差别进行分类，建立不同会员组织，例如有的博物馆除建立一般的会员组织之外，还建立了收藏会员组织，有的博物馆建立了学术研究性的会员组织。针对不同会员群体的不同文化诉求，博物馆在服务提供方面给予区别对待[①]。

美国的老史德桥村博物馆是一座露天历史博物馆，它记录了1790 年至 1840 年新英格兰地区农村和城镇的历史，馆内有超过 6 万件文物藏品和 58 处原始建筑，设有 40 余个专题展览，馆藏图书资料达 3.3 万册，并收藏有 13 万张视觉图片信息资料，是美国 19 世纪新英格兰地区历史考古与建筑科学研究的中心。自 1946 年对外开放以来，实现了持续的发展，成为国际博物馆界瞩目的管理运营与市场营销的典范。实施会员制是该博物馆市场营销成功的重要因素，2009 年其会员已经超过 8000 人，形成了以 1 个小时车程、100 千米范围圈为核心的会员高度集中区。

观众是否愿意成为博物馆会员，考虑的核心因素是博物馆能否

① 吴相利：《会员制——博物馆市场开发的重要方式》，载《博物馆研究》，2010（3），10 页。

提供满足需要的高质量文化产品与服务项目。老史德桥村博物馆有丰富而又优质的文化产品和服务项目，会员除白天可以无限次地免费参观外，在餐饮、住宿、购物、主题活动等各个方面也都享受优惠，包括入住博物馆酒店价格优惠 25%，餐饮价格优惠 10%，购买商品价格优惠 10%，另外在门票之外博物馆组织开展的收费活动项目，也都对会员实行 10% 乃至更高的价格优惠。会员类型设计考虑到了会员家庭一起访问的需要，也考虑到了会员陪同其他客人一起访问的需要，这种设计对于一些观众成为会员具有更加现实的吸引力。

博物馆每个月都有两个周末组织针对会员的免费开放日活动，开展的活动内容也丰富多样，例如各种主题动手参与性活动、在博物馆专家指导讲解下的仔细观察研讨活动，一些活动主题可以根据会员要求而设定。这些专门为会员组织开展的活动极大地增加了博物馆对会员的服务针对性，也使会员对博物馆的忠诚度得到了进一步的提高。正是众多的优惠活动项目使观众感觉成为会员的支出物有所值，也使会员人数得到了稳定的发展。实践证明，不同博物馆根据各自特点、性质，探索形成的各具特色的会员制实施措施是博物馆实现市场营销拓展和服务质量提升的关键举措，也是博物馆社会价值实现的重要方式。

在市场化运作方面，各国博物馆都不断加大市场营销的力度，开辟多元化销售的渠道，积极利用“看不见的手”对博物馆市场营销的发展、文化产品的研发实施调控。这一特点主要表现在美国和英国博物馆文化产品的销售及研发方面。例如美国博物馆尽管文化经营方式多样，但是博物馆非常重视自主经营权，对所有资金的使用都有严格限制。通过多年实践，美国博物馆形成了丰富的筹款经验和一整套规范的操作模式。同时，美国博物馆的筹款工作也日益出现职业化的趋势。在美国的博物馆中，一般都会设立一个负责拓展资金来源的部门，即发展部，专门负责募集发展资金。

英国博物馆文化产品研发有一些值得借鉴的经验，就是其灵活的经营和管理机制。例如维多利亚和艾尔伯特博物馆，为更有效地经营和管理博物馆相关文化产业，由其董事会组建成立了维多利亚和艾尔伯特有限公司。该公司全部利润上缴博物馆. 并享有国家的免税待遇，主要经营范围为零售业务、颁发许可证、邮购业务、场地出租和出版业务。通过丰富博物馆文化传播手段，提供灵活多样的文化产品，特别是与陈列展览和文物藏品相关的实用性强、价位低的纪念品，努力让观众把博物馆文化带回家，使历史文化传播更广泛、更深入、更持久，同时又可以使博物馆增加经济效益。

博物馆文化产品传递文化信息，其设计成功与否，还取决于购买者对文化产品中所蕴含的文化内涵的理解以及个性化的主观感受。英国的博物馆在市场营销过程中，强调文化产品背后的故事。例如英国一座博物馆研发的一种拼图产品，售价仅为 1 英镑，拼图完整拼接后的图案是 3 只中国瓷花瓶，而在拼图的背面，有这样一段话："这 3 只花瓶于去年被一个因为鞋带没有系紧的游客撞掉而全部打碎，但是我们现在已经将它们全部修复起来了。"同时，拼图背面还印上了花瓶拼接及修复现场照片。这盒拼图因其动人的背景故事，而成为该博物馆最受欢迎的纪念品之一[①]。

① 《国外博物馆案例》，载《中国文化报》，2010-03-24（6）。

奥地利维也纳博物馆区

对博物馆观众进行分析与研究，是决策文化产业开发、制定市场经营策略的决定性因素之一。法国博物馆深知观众对于市场营销的决定性因素，所以各项活动都坚持以观众为中心。基于此，各博物馆定期向观众进行问卷调查，及时了解观众意见和社会各界建议，通过分析和预测，主动适应市场变化。例如巴黎雅克马尔·安德雷博物馆，长期进行博物馆市场问卷调查，根据观众对博物馆市场营销的反馈，及时调整计划，致使博物馆市场营销收入超过总预算的一半。正是这种灵活的互动机制，取得了双赢的效果，观众的需求得以满足，博物馆收益也得到保证。

事实上，市场营销本身没有对与错，关键是采用什么样的策略。如果目的不明确或不正确，市场营销就容易被误用。英国市场营销研究所关于市场营销的定义指出，“市场营销是博物馆或美术馆为了实现自身使命、充分满足使用者的鉴别、满意与快乐等需求而采取的管理过程”。美国博物馆协会对博物馆市场营销的定义是，“在促进公众理解与欣赏的基础上，更多地了解博物馆的收藏、陈列与服务”。博物馆市场营销不是生硬地将市场营销理论引入博物馆工作领域，而是以博物馆为起点的市场理论，将市场营销的基本概念与博物馆的特性结合。

在政策扶持方面，各国对于博物馆的市场营销，出台相关的优惠鼓励政策，在文化产品研发等方面也制定较为明细的规定。具体来看，尤其体现在对博物馆的市场营销和文化产品研发，减免相关税收以及制定合理的获利分配制度。在韩国统计厅的文化产业统计指标中，明确包括博物馆行业。表明韩国的博物馆行业已被纳入文化产业发展模式之中。韩国在组织管理、人才培养、资金支持、生产经营等方面逐步加强机制建设，对包括博物馆在内的文化产品的研发、制作、经销、出口等方面，实施系统扶持。同时，利用网络及其他教育机构进行人才培养，加强专业资格培训，加强与国外专业人才的交流与合作，培养具有世界水准的专业人才。

韩国对博物馆文化产品研发、制作、经销、出口等实施系统扶持，同时在组织管理、人才培养、资金支持、生产经营等方面逐步加强机制建设。为了改变市场流通落后状况，减少流通环节和成本，在国家层面加强立法，加强市场流通信息化、国际化和现代化建设。同时，大力开拓国际市场，集中力量研发名牌文化产品，利用优秀品牌影响取得更大的市场效益。韩国计划利用先进的网络、外国代理商，开发直销、合作经销等多种手段．逐步构建起国际营销网。同时，韩国成立了文化产业振兴院，为博物馆相关文化产业的发展提供积极支持[①]。

建立奖励机制，也是韩国发展包括博物馆市场营销在内的一大特色。韩国成立专门负责文化产业发展的行政机构，即文化产业振兴院，为博物馆市场营销的发展提供积极支持。同时，为了改变其市场营销落后状况，减少流通环节和成本，国家加强法律法规制定，加强市场营销信息流通，大力开拓国际渠道，集中力量研发文化产品，利用品牌取得良好效益。同时，韩国计划利用先进的营销网络、外国代理，开发直销、合作经销等多种手段，逐步构建起国际营销网络。这些经验对我国博物馆市场营销具有借鉴作用，应在调查了解我国博物馆运营情况的基础上，制定符合我国国情的促进博物馆市场营销健康发展的对策。

① 李艳：《国外博物馆文化产品开发案例》，载《中国文物报》，2010-02-24日（5）。

积极探索博物馆的资源筹措机制①

（2014 年 1 月）

博物馆是公益性非营利组织。所谓非营利组织，是指具备法人资格、以公共服务为使命、享有免税优待、不以营利为目的、组织盈余不分配给内部成员的组织。博物馆事业是一项关系文化传承的神圣事业，功在当代，利在千秋。只有博物馆摆脱因为必要经费缺乏的困窘之后，才会将更多的注意力放在博物馆事业的发展和博物馆文化的传播方面，才可能真正成为为社会和社会发展服务的非营利组织。因此，人力资源、物力资源、财力资源永远是博物馆的命脉所系，缺少这些资源，博物馆的专业化功能和社会化职能就难以发挥与实现，而建立资源筹措机制对于博物馆的发展至关重要。

博物馆的资源筹措机制，是指博物馆通过各种渠道筹集人力资源、物力资源和财力资源，投入博物馆建设和管理的机制，具体包括财政资源动员机制和社会力量动员机制。长期以来，我国政府性资金主要用于博物馆员工工资、正常的办公费用和少量按员工人数核发的事业费。这笔资金虽然在维持公立博物馆生存上发挥着决定性的作用，但是各级政府对于博物馆的经费投入，早已难以满足博物馆的实际需要，只能算作“差额拨款”。事实上，公立博物馆资金

① 此文发表于《从“数量增长”走向“质量提升”——关于广义博物馆的思考》，天津，天津大学出版社，2014。

来源主要来自四个方面：一是国家预算分配的财政资金；二是博物馆有偿业务活动获得的资金；三是社会人士、团体、单位捐赠和赞助的资金；四是主管部门拨发的用于特定用途的各种专项资金。上述四个方面的资金来源在不同博物馆的经费构成中，比例有相当大的差别。

改革开放30年来，我国博物馆的财政投入体制几经改革。从20世纪80年代起，我国实行"划分收入，分级包干"，中央和地方"分灶吃饭"的财政管理体制，从而形成各级政府对博物馆分级投入的财政投入体制。1997年3月，国务院印发《关于加强和改善文物工作的通知》，强调要建立与市场经济体制相适应、遵循文物工作自身规律、国家保护为主并动员全社会参与的文物保护体制，要求各部门各地方做到将文物保护纳入当地经济和社会发展计划、城乡建设规划、财政预算、体制改革、领导责任制。上述"五纳入"的推行，进一步强化了地方财政对博物馆的投入责任。

2005年12月，《博物馆管理办法》发布实施，首次将非营利组织的概念引入法律规章，但是由于仅对博物馆的法律性质予以确认，并没有对非营利组织的概念进行界定，从而无法提供博物馆管理体制创新和运行机制改革所必需的法律支持。因此，博物馆非营利组织的法律定位，显然没有改变博物馆"资金以政府拨款为主，工作人员一般都是终身制，工资是政府全额拨款，事业经费基本上以工作人员数为标准核算；人事制度全国一致，干部上级委任，缺乏激励机制"的基本特征。近年来，尽管我国的博物馆在筹措社会资源方面进行过种种探索，但是总体而言，我国公立博物馆的资源主要依赖政府投入，博物馆的资源筹措机制缺乏活力，政府以外的资源筹措机制作用不尽如人意。

尽管近年来，从国家层面到各地政府对博物馆事业的投入大幅度增加，社会力量参与博物馆发展的环境空前改善，但是由于历史欠账过多，博物馆及其工作部门在国家和地方发展中相对弱势，人力、财力、物力等资源保障严重不足，仍然是制约我国博物馆事业发展的瓶颈。同时，由于目前博物馆管理体制改革缺少明确的方向和目标，一些地方政府片面理解有关政事分开的精神，将博物馆作为独立经营、独立核算的机构，并因此减少甚至终止公共资金对博物馆的支持。造成博物馆在资源筹措方面存在两难问题：一方面，博物馆长期面临资金的缺乏，一些博物馆经营收入不得不用于分配，致使非营利精神被大大突破；另一方面，博物馆由于长期依附于政府拨款，难以培育出博物馆自身的资源筹措机制。

在此情况下，一些博物馆为了争取充裕的生存与发展空间，想方设法开展各类市场营销活动。但是各博物馆的文物藏品不同，功能定位不同，社会需求也有很大的不同，因此，很多博物馆的市场营销活动不能解决其生存发展的问题。由于一些博物馆对于市场营销活动的内容、收入比例以及用途等，没有明确规范要求，市场营销收入大量转化为博物馆员工的收入和福利，使得原本应当承担社会公益职能的博物馆呈现趋利化倾向，突出机构和个人利益，为了忙于创收，而降低公共服务的质量，忽视甚至损害为社会和社会发展服务的目标，从而使很多基础性建设和公益性活动得不到重视，已经造成了严重的后果。

当前，就我国博物馆的财政投入制度而言，存在着明显缺陷，相关资源的空间配置效率及其使用效率不高，成为制约投入博物馆的财政资源效益发挥的重要原因。一是从政府对博物馆的财政投入体制方面来看，财政拨款的支出期限和用途限制过于刚性，没有为博物馆的激励机制留出足够的空间，缺乏对经费结余的激励制度，即如果博物馆出现正常的经费结余，博物馆不仅不能从中受益，还会对其下一年度的预算申请造成负面影响。这一财政投入制度设置，无疑会影响博物馆节约开支成本的积极性，甚至出现在年底或项目结项之前突击投入的现象，降低政府投入博物馆的财政资金使用效率。二是财政拨款的年度限制过于死板，使财政拨款的时间周期经常与博物馆业务所需的经费支出周期相冲突，从而既影响财政资金的使用效益，又影响博物馆业务的开展。

博物馆发展与政府投入的关系在发达国家博物馆领域也是重要的问题之一。政府压缩经费以及不断施加对博物馆的影响，一度使博物馆在财政上捉襟见肘，使博物馆公开、公正的职业道德准则受到了损害。“处理财务问题是博物馆管理的重要内容，为实现博物馆的长期和短期目标，每个博物馆管理者都必须争取获得财务支持和保障。”[①] 于是，在欧洲大陆尤其是在英格兰和荷兰开展了一场“博物馆独立文化运动”，其核心内容是明确博物馆与政府的分工，即政府负责博物馆收藏的属于国家所有的文物藏品的征集、保护及其实施这些行为所必需的资金、建筑、设施和人员方面的投入，而涉及博物馆文化传播、社会服务等方面的投入则由博物馆负责。这一运动的目的，在于弱化博物馆对政府的过多依附，有更多的发展机遇和自主权，在文化传播和服务领域走向社会，保持博物馆的公正和中立，同时使博物馆文物藏品的保护得到最基本的保障[②]。

当前，政府对博物馆的财政投入制度改革，一方面要确保各级政府对博物馆事业的财政投入，另一方面要确保财政投入的资金使

---

① [瑞典]Hans Manneby:《博物馆管理》，王奇志，译，载《东南文化》，2011（1），6页。
② 付文军：《博物馆：走在非营利的道路上》，载《博物馆研究》，2010（3），16页。

敦煌莫高窟保护利用工程

用效益，科学评估验收博物馆提供的公共文化产品与社会服务，保证日常运行的事权和财权相统一，对财政预算的执行情况加强监督审计，使公共财政发挥出更为理想的公共效益。在责、权、利清晰的条件下，政府只对公共文化产品的质量提出要求，对社会服务的实现过程和结果进行监督和评估。这样政府就从事无巨细的微观管理中抽离出来，主要进行宏观管理，从而赋予博物馆以应有的自主权，充分发挥博物馆的积极性。

各级政府对于博物馆的财政投入制度，应当适当地增加弹性，多给予博物馆一些自主决定资金用途的空间，并对博物馆的经费结余给予适当的激励。同时，各级政府应积极探索确保财政资金发挥其最佳效用的经费拨付办法，根据不同情况分别采取经费全额拨付、按照项目拨付、购买服务、适当资助或给予其他扶持等方式支持博物馆事业；政府应改变以人员编制拨付经费的传统做法，实行“以事定费”“以费养事”；对于可以由社会或市场提供的博物馆服务事项，可以通过公开招标、政府采购等方式，向有资质的社会组织“购买服务”，并根据社会组织提供服务的数量和质量，按照一定的标准进行评价后支付服务费用。

事实上，目前国家对博物馆的财物资源投入，不足以满足博物馆事业快速发展的需要。仅仅依靠国家兴办、国家所有、国家供养的模式，无法迅速改变博物馆事业发展滞后的局面。因此，如何建立和完善博物馆的社会资金筹措机制，是决定我国博物馆能否实现可持续发展的关键因素，也是当前我国博物馆所面临的重要问题和挑战。为了推动博物馆事业的可持续发展，吸纳更多的人力、物力、财力资源投入，博物馆必须建立健全社会资源动员机制，除了积极争取政府增加投入之外，还必须鼓励公民、企业和其他社会组织支持博物馆事业，广泛利用社会资源，拓展博物馆的多种投资渠道，减少博物馆对政府财政支持的依赖性，使博物馆事业的发展形成多方参与、多方投入的局面，以弥补博物馆可持续发展所需资源的不足。

国家与地方政府共建国家级重点博物馆确定后，财政部、国家文物局制定《国家级重点博物馆管理办法》，规范国家与地方政府共建国家级重点博物馆工作。国家财政安排专项资金，用于支持国家级重点博物馆提升藏品保护、陈列展览、科学研究、人才培养、文化交流、社会服务等方面的能力水平。专项资金采取因素分配与项目管理相结合的方式。资金分配综合考虑博物馆馆舍面积、藏品数量、所处地区、经费保障、举办展览、观众数量、科研成果等因素，并分别赋予相应权重，根据上年度决算资料和实际工作情况核定对各博物馆的补助金额。各博物馆根据专项资金补助额度，结合自身发展规划和年度工作计划，按照规定的资金使用范围，提出具体项目经费安排建议，按程序报财政部、国家文物局批准后执行。同时，相关地方财政足额安排国家与地方政府共建国家级重点博物馆日常运转和事业发展所需经费，逐步加大投入力度，建立博物馆经费稳定增长机制。

博物馆的财物资源是国有资产的重要组成部分，是博物馆履行公共服务职能，促进博物馆事业发展的重要物质基础。要坚持“权属清晰、分类管理、风险控制、安全有效”的原则，加强博物馆改革中的国有资产管理。权属清晰是前提，要明晰各级各类博物馆资产产权关系；分类管理是核心，要按照不同类别博物馆的特点和要求采取不同的管理方式；风险控制是手段，要严格执行有关财政法规制度，切实防止管理体制创新和运行机制改革中博物馆资产的流失；安全有效是目的，要保证博物馆资产安全运行和有效使用。逐步形成权属清晰、配置科学、使用合理、处置规范、运行高效、监督严格的博物馆国有资产管理模式。

应充分发挥财税政策引导作用，落实支持社会力量兴办博物馆事业的财税政策，不断拓宽资金来源渠道，形成多渠道筹措资金发展博物馆事业的机制，丰富博物馆事业发展的实现形式。根据不同博物馆的具体特点，采取经费保障、经费补助、购买服务等不同的投入和支持方式，促进博物馆事业发展。按照国家有关政策和以事定费的原则，结合不同类型博物馆的具体特点和财力可能，科学合理制定经费标准并予以动态调整。对于博物馆的日常运营，各级财政应根据需要提供相应经费保障，对于博物馆开展的公益服务项目，各级财政应通过政府购买服务等方式予以支持。对博物馆向社会提供公益服务取得的收入，全额纳入单位预算，统一核算、统一管理，

香港前水警总部

主要用于博物馆事业发展。

要鼓励和引导社会捐赠及社会力量参与博物馆的建设和管理，建立健全博物馆的社会力量动员机制和财物资源动员机制，鼓励社会力量对博物馆进行捐赠的积极性，并不断壮大“博物馆之友”、博物馆志愿者队伍。同时，要以研究解决免费开放对博物馆建设、运营所带来的问题为突破口，立足于博物馆事业社会化趋势，对于博物馆的保安保洁、陈列设计、物业管理等工作服务职能逐渐采取社会化方式，即由社会上相关有信誉的服务机构为博物馆提供优质服务，改变以往博物馆“小而全”的局面，节约成本，提高效益。

20 世纪初，在美国创立了卡耐基金会，其名言是“富人若不能运用他聚敛财富的才能，在生前将其财富捐献出来为社会谋取福利，那么死了也是不光彩的”。1969 年，美国制定颁布了税务改革条例，鼓励社会个人和企业捐助包括博物馆在内的社会公益性机构，此条例奠定了美国对支持社会公益捐助实施免税政策的基础，是美国博物馆获得大量社会捐助，最终形成独特美国慈善文化的重要原因。根据此条例以及随之建立的一整套免税实施措施，经过受益人和专业机构评估后，捐助者可以相应免交部分应交纳的税款，其涉及面十分广泛。“事实上，捐助者偏爱非营利性博物馆，因为那里的管理者侵占捐助者和消费者的利益可能性较小。”

美国博物馆运营经费的不足部分主要靠社会捐赠获得，即使是国立博物馆，国家财政支付的经费也只占所需费用的70%左右，州立博物馆的经费缺额更大，私人博物馆则全部靠自筹和社会捐赠来维系，因此，美国博物馆中相当一部分工作就是围绕筹措和争取资助而进行，博物馆员工善于推销自己，对当地每个企业及企业家的情况了如指掌，与之保持密切的联系，主动争取支持，为博物馆赢得了大量的捐助和捐赠。美国有些博物馆甚至备有专业人员，经营捐款人未来可能赠送给博物馆的房产、股票等有价值证券，负责管理捐款人的人寿保险等，为其提供服务，共享收益，最终接受捐赠。

财物资源是博物馆事业发展的物质基础。没有资金、场地、建筑、设备及展示物品等财物资源，仅凭人力资源并不能推动博物馆事业的可持续发展。世界各国政府对博物馆的政策支持，主要体现在税收政策上，例如博物馆接受捐款，只要向税务部门提供合理说明，就可以兑现免税。博物馆内开设的商店，大多可以免交或少交营业税，同时，博物馆的土地税可以打折或减免。美国联邦和各州市政府一直在积极创造一个促进美国博物馆繁荣、发展并能对美国经济做出贡献的环境。联邦政府鼓励民众和企业捐助博物馆等社会非营利机构，并颁布相关法律保护捐赠者的利益，例如减免所得税、遗产税等，因此捐助博物馆成为美国的社会风尚和传统。

美国的博物馆大多有政府和各种基金的扶植以及相当数量的社会捐赠。洛杉矶盖蒂中心属于盖蒂基金会，基金会的资金来源是已故石油大亨保罗·盖蒂的遗产。美国法律规定，博物馆不得直接动用基金本金，只能使用基金本金所产生的部分利息或投资收益，而且基金利益或投资收益也必须按一定比例充实到本金中去，以保证本金稳定增长。同时，为了保证基金运作能够持续得到收益，美国博物馆的基金一般不是交给本馆的业务人员操作，而是专门外聘职业经纪人负责研究和推荐项目，以期得到专业的建议和管理经验。①

大都会艺术博物馆是政府支持的公益性私立博物馆，其收藏品的重要来源之一也是捐赠。名义上博物馆董事会决定博物馆的一切活动，但是其文物藏品实际上已经属于社会所有，其活动受法规限制和社会监督。负责大都会艺术博物馆筹款业务的是发展部，该部门有 50 名员工。1994 年起，大都会艺术博物馆发起了 10 年发展筹款运动，筹款总额目标定为 6.5 亿美元。其中 2000—2001 财政年度，通过该部门为博物馆增加的收益总计近 5000 万美元，占博物馆各种收入的 33%。为拓宽筹款渠道，发展部从博物馆活动中，设计出许多争取获得赞助的项目，对这些项目进行广泛宣传，以进一步吸引社会和捐助人的注意和兴趣。

大都会艺术博物馆争取获得赞助的项目包括，博物馆开展的形式多样的教育项目，出版、讲座、音乐会，艺术品收购基金、博物馆发展基金，展厅、库房设施增加和改建基金，图书馆设施改善，博物馆管理系统升级，博物馆观众服务设施改善，博物馆基础设施改善，博物馆建筑修缮，博物馆发展规划等。筹款创收的渠道和方法主要有，从以筹款为目的而成立的各种组织协会处获得筹款；向

① 王小英：《美国私立博物馆的生存模式》，载《中国文化报》，2010-07-21（6）。

社会机构和个人争取各种捐款、捐物；争取各种公益性基金会捐助；博物馆基金的各种投资收益；博物馆各种会员会费收入；博物馆商店和其他经营活动。

在我国，由于国家财政对博物馆的资金投入不足，难以满足博物馆事业快速发展的需要，因此，为了推动博物馆事业的可持续发展，博物馆除了动员人力资源之外，还必须建立健全财物资源动员机制，动员社会财物资源投入博物馆事业。捐赠是利国利民的善举，特别是养成捐赠习惯是培育公民同情心和社会责任感的重要一环，有利于和谐社会的建立。同时，必须在国家层面，建立鼓励捐赠博物馆的税收政策，健全鼓励公民、企业和其他社会组织向博物馆实施捐赠的动员机制。

1949 年 10 月，中华人民共和国成立之初，北平历史博物馆更名为北京历史博物馆，社会各界人士纷纷向博物馆捐赠文物，总数达16962件，极大地丰富了馆藏[①]。在我国博物馆事业上，两位老人的事迹感人肺腑。一是 1953 年年底，廖静文先生将徐悲鸿先生创作的 1282 幅遗作以及徐悲鸿先生收藏的唐以来历代名家书画作品 1134 件，还有各种珍贵图书、碑帖等 1 万余件，全部无偿捐献给国家；二是 1997 年 7 月 4 日，胡絜青女士代表老舍家属，将故居和部分文物藏品，包括文物藏品总数1903件，其中老舍先生原著456本，珍贵线装图书 524 本，字画 97 件，等等，一并捐献给国家。1999 年 2 月，正值老舍百年诞辰之际，经过精心修缮的老舍故居正式对社会开放。

上海博物馆在接受社会捐赠方面成果显著。从 1952 年上海博

① 卫东风，曾莉：《改造与整顿时期中国博物馆展览活动案例分析》，载《中国博物馆》，2008（4），91 页。

物馆建立至今，接受捐赠的文物已经超过了3万件，其中相当一部分是博物馆藏品中的精品。虽然上海地区通过考古发掘出土的文物数量不多，但是上海博物馆能够成为国内一流的博物馆，社会捐赠功不可没。一度上海博物馆内所有陈列展览的场地、报告厅、多媒体设施、研究室、高清晰度影视中心等，几乎都是由海外捐赠建设。上海博物馆之所以在接受社会捐赠方面如此成功，与其建立的社会捐赠激励机制密不可分。上海博物馆不仅将接收社会捐赠的文物进行明确标注，并且妥善保管、广为宣传，使捐赠者对于捐赠行为和结果满意放心，尽量帮助捐赠者解决实际困难，例如帮助捐赠文物的华侨解决住房、医疗等方面遇到的困难。上海博物馆还建立了“征集奖励费”制度，对文物的捐赠者给予最高不超过文物市值33%的奖励[①]。

美国著名收藏家A.M.赛克勒（A. M. Sackler）曾提醒人们：“现代科学要求我们，如果要生存下去，就必须扩大人们之间的联系，这种联系不仅要把过去和现在的人们连接起来，还必须创造更有利于人们相互交流、理解和尊重的渠道，以便确保艺术、科学和人文科学的存在和不断进步。”正是在这样的文化理念之下，当他的私人藏品数量日渐丰富之后，便开始考虑如何使文物藏品最大范围地发挥影响，当赛克勒在美国先后建立了三座专题博物馆之后，他将热心投向东方文明古国，1984年北京大学第一次听到了来自大洋彼岸的这个心愿，“愿我的捐赠能使一座现代化的考古学专题博物馆出现在北京大学，它将不但在展陈设计、温度控制、文物安全和教育功能上有最好的条件，而且能承担培养新一代考古文博学者的重任”。1986年9月8日，考古与艺术博物馆举行了奠基仪式。然而赛克勒

① 褚晓波：《迈向国际 提升专业 融入社会》，载《中国文物报》，2009-12-09（11）。

先生没有能够看到自己这一留在东方的心愿最后实现，1987 年 5 月他与世长辞。

宁波民众自古有收藏传统，而今天这一收藏传统演变为独特的“博物馆情怀”，原故宫博物院院长马衡、原上海博物馆馆长马承源等，众多宁波籍人士都对博物馆情有独钟，为博物馆发展贡献才智、捐赠藏品。宁波博物馆注意到这一传统，因势推动，将“动员海内外宁波籍艺术家、收藏家为宁波博物馆捐赠藏品”作为博物馆的重要工作目标，成立了“宁波博物馆发展基金会”，成为国内首家博物馆发展基金会[①]。香港著名收藏组织“敏求精舍”成员庄贵仑先生，祖籍宁波，在香港多方奔走，动员宁波籍人士为宁波博物馆建设捐款捐物。上海宁波籍当代著名版画家邵克萍先生，将毕生创作的原作木刻板、版画精品和手稿捐赠给宁波博物馆，并发动上海的宁波籍艺术家关心、支持宁波博物馆建设。北京大学宁波籍教授陈炎先生把自己收藏的 6000 多册图书和手稿悉数捐给宁波博物馆，也在北京学术界担当起宣传、研究宁波地域文化的志愿者角色[②]。

改革开放以来，在经济持续快速发展的条件下，我国富裕的企业和个人越来越多，在收藏热中拥有珍贵文物的企业和个人也越来越多，使我国博物馆有了获得社会捐助的条件。当然，捐赠应该成为全社会的“集体行动”，而不是少数富人的“专利”。今天，一些博物馆将与潜在捐赠人的沟通交流作为一项经常性的工作，在日常工作中与潜在捐赠人建立联系、培养感情。一些博物馆出台明确的制度，规范博物馆对捐赠款物的使用、保管、展示及处置，以取信于捐赠人及潜在捐赠人。一些博物馆建立对捐赠人的激励制度，尽

① 孟建辉：《时代的新需要与博物馆的新价值——以宁波博物馆创新实践为例》，载《浙东文化》，2008 年创刊号，1 页。

② 褚晓波：《迈向国际 提升专业 融入社会》，载《中国文物报》，2009-12-09（11）。

量为捐赠人提供其所期望的回报，例如冠名宣传、经济奖励、病老抚慰、荣誉称号等。

在国家层面，正在推动出台鼓励向博物馆进行捐赠的政府制度，对捐赠人给予税收等方面的优惠。同时，各博物馆也应当借鉴其他博物馆的有效做法，制定和完善有关办法，鼓励社会和个人捐赠博物馆。2006 年末，傅抱石子女在其家人 1979 年捐献 365 幅绘画精品的基础上，再次将傅抱石写生画稿 290 幅、论文手稿 86 件（套）以及印章 71 枚捐献国家，珍藏于南京博物馆。为此，南京博物院专门设立了“傅抱石艺术陈列馆”，长期展示绘画大师的作品[①]。2008 年，荷兰收藏家倪汉克先生将珍藏三代的 97 件瓷器捐赠给上海博物馆。这批瓷器均为明清时期的外销瓷，其中 96 件为景德镇窑烧制的青花瓷[②]。

今天，博物馆文化已经逐渐进入人们的日常生活，博物馆的社会职能发挥已经引起广大普通民众的关注，博物馆在体制机制方面的弊端已经真正被置于公众舆论的聚焦之下，推动博物馆的体制机制改革也已经成为社会民众的呼声。公共财政应当采取行政、金融、税收、法律等多种手段，引导社会资金进行投入，例如在对博物馆的经营收入实行免税政策的基础上，出台社会捐助政策，将博物馆捐赠纳入慈善捐赠体系，设立公益奖励基金等。要开拓多元化经费渠道，努力建立起以政府为主导、全社会参与的博物馆多元化投入和筹资方式，疏通企业赞助和社会公益捐助等渠道，为博物馆的发展提供经费保障。

① 夏宇璞：《中国首座大型博物馆的前世今生》，载《人民日报（海外版）》，2009-09-25（14）。

② 倪汉克：《捐赠人的话》，载《中国文物报》，2009-12-02（3）。

探索博物馆市场营销发展路径[①]

（2014 年 1 月）

博物馆作为文化公益事业，始终把社会效益放在首位，当然也不放弃合理合法的经济效益。这种理念由博物馆的本质所决定，并受实现条件的制约。实践证明，在不影响核心使命完成的情况下，根据博物馆各自的特点，开展适当的与博物馆主题密切结合的市场营销项目，对于博物馆的健康运营以及为观众提供优质服务均会起到积极作用。因此，重视市场营销应该成为实现博物馆转型发展的重要取向之一。

博物馆的经济活动由两个核心部分组成：其一，是通过科学的预算编制、预算控制和有效的目标管理，使博物馆已有的文化资源发挥最大的效益；其二，是通过开辟更多的资金来源渠道，使博物馆的业务活动得到更好的保障和拓展。王际欧先生认为，博物馆的经营行为应坚持三条基本原则：一是用于经营性质的博物馆资源，例如土地、场馆等，应当属于一定时期内的闲置资源，不应以牺牲博物馆的基本业务活动为代价；二是博物馆的资源用于经营性质，应当努力使博物馆资源进一步优化，必须确保国有资产的保值和增值；三是博物馆资源的经营性收益，必须服务和支持于博物馆核心

① 此文发表于《从“数量增长”走向“质量提升”——关于广义博物馆的思考》，天津，天津大学出版社，2014。

业务功能的实现，用于事业发展之目的。[1]

瑞典学者 H. 曼尼拜（H. Manneby）则认为，“公共关系和营销活动对于一个面向公众的博物馆来说非常重要，营销活动是传播博物馆知识的方法，可以使公众更清楚地知道博物馆能提供什么、又代表着什么。通过营销，我们可以加强博物馆之间以及博物馆和其他机构的合作。营销既复杂又重要，既困难重重又令人兴奋，还需要特殊的知识和经费。面对复杂的营销，博物馆可以认真考虑营销的原则，制定营销策略”。关于营销策略他列出了一些问题，例如一是营销必须符合博物馆的目标；二是营销活动必须尊重专业伦理；三是营销必须反映博物馆的真实状况；四是营销不应奢华[2]。

博物馆作为文化传播机构和社会公益事业的重要组成部分，一直将社会效益放在首位。在相当长一段时期内，博物馆的一切活动都处于与经济效益不相联系的状态，人们甚至避讳谈论博物馆的经济效益问题。随着市场经济的不断发育成熟，博物馆在继续谋求其社会效益的同时，在求生存、谋发展的大背景下，也开始关注经济效益，市场营销理念开始被引入博物馆的运营过程之中。当代国际博物馆领域越来越体现出开放性和国际化特点，其中如何经营和开展市场营销，成为博物馆无不重视的战略性选择。博物馆充分利用文化资源优势，在服务社会的前提下合理经营，以补充博物馆事业发展经费之不足。

《国际博物馆协会职业道德准则》强调，“如果从商业或工业组织或从其他外界途径寻找并接受经费援助或其他援助是博物馆的一项方针，便需十分小心地对博物馆与赞助人商定的关系做出明确规

① 王际欧：《浅析博物馆文化产业的特征、结构与开发策略》，载《中国博物馆》，2006（3），84 页。

② ［瑞典］Hans Manneby：《博物馆管理》，王奇志，译，载《东南文化》，2011（1），6 页。

天津参加中国博物馆协会区域博物馆专业委员会 2013 年会暨“新建（改扩建）博物馆发展研究”学术研讨会

定。商业援助与赞助可能会涉及道德问题，博物馆必须确保其标准及目的，不会因此类关系而受到损害”。“博物馆商店与任何商业性活动以及与此有关的任何出版活动均应以一项明确的方针为依据，应与博物馆藏品及其基本教育宗旨相关，不得有损于这些藏品的质量。在制作与销售复制品、临摹品或其他根据博物馆藏品生产的商品时，必须以这样一种方式衡量商业价值的各个方面，就是既不丧失博物馆信誉，又不损失原有物品本身固有的价值”。

随着信息时代的到来，人们越来越追求文化品位，经济已经不能脱离文化的制约而独立存在和发展，经济和文化的融合趋势已经成为我们这个社会时代的特征。今天，文化与经济的结合，衍生出现代汉语中大量新的词汇和新的概念，例如文化资源、文化产业、文化市场、文化旅游等，并在实践中产生了与之相关的各种文化产品。但是，文化与经济的区别，在于文化具有极强的社会目的和极其明确的目标约束。相比经济，文化有更为可贵的内涵，难以用经济或资金进行衡量和估价，更不能简单地用产业化和市场化的方式加以推动。博物馆文化产品研发，能够更大程度地满足社会民众日益增长的文化生活需要。

博物馆尽管是一个以创造社会效益为己任的非营利组织，但是不可否认，它也有着完整、系统的运营过程，也同样要考虑投入与产出。“博物馆营销的内涵是：以满足社会公众的精神文化需求为出发点，按照市场运作方式，有目的有计划地策划、设计并陈列藏品，为公众提供满意的服务作为自身价值的体现。它是一个综合的经营管理过程，服务并满足公众贯穿于博物馆经营活动的全过程。”① 作为非营利性组织，博物馆的市场营销不是靠利润动机的驱使，而是靠固有使命的引导，靠财政拨款或外部支持来实现其组织内部的协调运作，通过组织成员的聪明才智，参与社会经济活动，通过多种经营方式，获取比较稳定的收入，并将这部分盈余额用于社会公益事业及博物馆事业的扩展。

博物馆的竞争，无论是在文物藏品资源方面的竞争，还是在设施环境资源方面的竞争，本质上都是在观众服务资源方面的竞争。观众是博物馆最大的发展资源。就博物馆行业的竞争来看，我国的博物馆发展十分迅速，大批博物馆的集中建设，并相继对社会开放，使围绕文物藏品、陈列展览和观众资源的竞争日趋激烈。但是，实际上竞争不仅存在于博物馆之间，还包括与其他休闲方式、休闲设施、休闲产业的竞争。目前，在世界范围内，适应大众文化消费需

① 项朝晖：《博物馆营销理念及营销策略探论》，载《中国国际友谊》，第7卷，2010年12月，37页。

求的文化产业迅猛发展，新建的科技中心、艺术中心、主题公园等文化设施以及为数众多的闲暇娱乐活动场所越来越多，已经对博物馆形成了竞争态势。

面对社会公众的消费生活被日益多样化的文化设施和娱乐场所吸引，如果博物馆的发展策略得不到及时调整，将面临逐渐失去社会公众关注的危险。而且，其他文化设施和娱乐场所等机构几乎都引入了市场手段，在资本运作、活动策划、广告宣传等方面采用更加灵活多样的手段，以扩大社会影响、吸引社会公众。因此，面对日益激烈的竞争环境，博物馆必须一方面突出自身特色，发挥难以替代的独特文化作用，另一方面积极采用现代的市场营销宣传、管理和筹资技术。这一发展策略正在成为世界各地博物馆赖以成功的关键。

由于过去长期受计划经济的影响，博物馆一直被视为国家事业单位来看待，其管理与运营在很大程度上沿用的是政府模式，所蕴含的其他属性则被埋没。今天，一方面，人们的社会期望值不断提高，希望各级政府能为他们提供更高水平的社会文化设施，增加投入以支持博物馆的发展；另一方面，随着人们物质生活水平的提高，对文化消费有了更高的要求，要求博物馆进一步提升质量。同时，民间创办的自负盈亏的博物馆数量不断增长，其主要收入不再从公共财政中获得，而是主要依靠市场营销收入。同时，在博物馆全面免费开放的背景下，博物馆的经济功能主要不是通过直接经济效益体现出来，而是通过带动文化发展和提升区域吸引力得以体现。

面对文化消费的新形势，博物馆在价值观念、体制改革、管理模式和行为方式等方面，需要进行一系列的自我调整和更新，从而强化自身的服务理念、竞争意识和实践能力，积极塑造博物馆的文化品牌和社会形象。而如何适应广大观众的要求，使博物馆的市场营销做得更好，便成为博物馆要考虑的问题。博物馆除争取政府支持和社会赞助外，通过市场运作增加收入，积极将博物馆及其展览推向社会，对陈列展览活动进行大力的宣传推介，最大限度地吸引国内外观众前来参观，以精确的社会调查为依据开展文化产业，开展配套经营服务活动，使观众主动进行消费。

博物馆是非营利性的文化教育机构，其生存、发展及其经营活动有赖于政府和社会的支持，离开了政府和社会资源的支持，博物馆将难以维持和发展。因此，如何获得政府和社会资源的支持，如何有效地利用这些资源，是博物馆经营管理的一项重要内容。在经济上得到政府财政基本保障的情况下，博物馆仍需争取社会的广泛支持，为社会公益事业募集更多经济资源、物质资源和人力资源。面对文化消费的新形势，博物馆在价值观念、体制改革、营销策略、管理模式和行为方式等方面，必须朝着可持续发展方向进行一系列的自我调整和更新，必须强化自身的服务理念和营销意识，积极塑造博物馆的文化品牌和形象。

博物馆的市场营销与商业经营单位的交易营销相比，有很大不同。博物馆的市场营销关注的不仅是一次性购销，同时也关注发展并建立与参观者之间长久稳定的联系；博物馆的市场营销与参观者的沟通是双向沟通，有利于广泛的信息交流和信息共享，使博物馆获得各利益相关者的理解与支持；博物馆的市场营销不仅关注博物馆参观者，同时还关注那些潜在的观众，因为这部分人群是博物馆观众新的增长点。博物馆的市场营销还关注观众的个性化特征和多样化特点，根据观众生活地域、教育结构、收入水平、性别年龄、民族身份等因素，根据每位观众对于博物馆及其文化产品的不同认

考察澳门艺术博物馆

识、期望和需求，采取不同的博物馆产品配置和销售策略[①]。

公共关系是博物馆市场营销工作中重要的一环，良好的公共关系可以缩小与观众的心理距离，树立博物馆的公众形象。因此，公共关系既是博物馆市场营销的手段，同时也是发展自身、扩大社会影响的过程。博物馆文化产品的研发十分重要，但是文化产品的销售服务同样重要。例如在购买方面，顺应消费发展趋势，设立刷卡机以方便顾客；在包装方面，由于许多观众购买博物馆文化产品是为了馈赠亲朋好友，因此精美适度的包装增加了商品吸引力；在售后服务方面，为了方便观众，博物馆商店可以开展商品邮寄服务。在丰富的文化产品的基础上，还可以发展“博物馆网上商店”，甚至在博物馆外建立商品分店，积极开拓海外市场。

观众对博物馆文化产品的兴趣，往往是对博物馆文化氛围、陈

① 李晶：《关系营销：博物馆营销的新趋势》，载《上海文博》，2008（4），68页。

列展览、文物展品兴趣的延伸，因此要将市场营销服务转化为博物馆文化的有效传播。观众参观展览之后，购买与展览内容相关的衍生商品，可满足观众将博物馆文化带回家的欲望，因此在博物馆举办临时展览时，博物馆商店也摆满与其展览相关的纪念品，使得营销自然地融入展览，使其艺术氛围扩至展厅以外。这种紧随展览后续服务的做法，可以使博物馆文化产品推陈出新，充满生命力，对参观者保持持久的新鲜感和吸引力。

发展博物馆应是政府的职责。政府在市场经济下的职责，应是努力兴办通过市场不能兴办的事业，提供通过市场不能提供的公共文化产品。事业单位改革是我国行政体制改革的重要内容，事业单位的分类改革，将对调动事业单位的积极性、减轻财政负担发挥积极作用。博物馆也必须努力适应市场环境，要认识到社会效益对博物馆发展的必要性，也要认识到市场营销对博物馆发展的重要性。近年来，一些地方企图对博物馆试行产业化和市场化导向的改革，表现在改变博物馆公共服务机构的性质，减少博物馆的财政投入，降低博物馆员工本来不高的福利待遇和财政负担比例，甚至将本应由政府财政负担的博物馆转变为企业化管理。

博物馆产业化和市场化会使市场营销只注重博物馆和文物展品的经济价值，导致市场营销的方式与博物馆文化内涵相分离，对于博物馆藏品的文化价值缺乏应有的重视。对于属于为社会及社会发展服务的非营利性机构的博物馆，盲目进行市场化导向的改革，可能会导致严重后果，使博物馆事业单位改革误入歧途。博物馆市场营销虽然可能会带来其相关文化产业的发展，但是博物馆本身并不能成为产业，博物馆展品不能成为商品，绝对不能将“博物馆产业化”。因为，产业化的目的是追求经济利益和效益的最大化。

由于博物馆全面免费开放引起的门票收入的减少，在未来一段时间内博物馆门票收入对国民经济的贡献将呈下降趋势，但是，随着博物馆努力纳入国民教育体系，博物馆文化旅游的兴起，博物馆与市场营销的结合，博物馆对国民经济的贡献将更多地以间接的方式表现出来，因此国家在考虑博物馆能够满足广大民众日益增长的文化生活需求的同时，还应该考虑通过对博物馆的扶持和发展政策，充分发挥博物馆对国民经济和社会发展的综合贡献。同时，市场营销的培育也可以为博物馆开拓更广阔的生存空间，打下雄厚的文化基础，形成公益与效益的良性互补。

目前，博物馆的综合贡献发挥得还不够，这一方面需要公共财政对博物馆的投入每年保持稳定的增长，另一方面也需要博物馆从内部的管理体制、管理水平等方面寻找原因，以最大限度地发挥自身的功能和作用。因此，博物馆需要通过市场营销手段，完善经营管理体制，拓展多元化的资金来源渠道，提高社会服务水平，不断扩大社会影响力。在这种错综复杂的博物馆发展环境中，需要博物馆管理者的智慧和恒心，防止利益冲动，避免随波逐流，在任何情况下，都要将保护博物馆资源的完整性放在首位，以便给未来更好的利用留下空间。

博物馆的外部环境必然对博物馆的市场营销产生重要影响。外部环境主要包括社会环境和经济环境等。社会环境，主要指社区居民文化教育程度、社区文化氛围、居民闲暇时间、文化消费习惯、博物馆与社区的关系、社区对博物馆的期望等。了解这些情况，对于博物馆确定陈列主题与风格、开展教育项目、策划特别活动等至关重要。经济环境，主要指国家经济发展背景、所处的地区经济发展状况、政府财政状况、居民收入与消费习惯、旅游产业发展情况、周边文化产业竞争情况、与企业公司合作的可能性等。了解这些情况，对于博物馆策划陈列展览、引进临时展览、定位文化产品种类及价格、寻求相关企业合作等至关重要。

博物馆市场营销在关注文化产品研发的同时，应重视博物馆服务质量和环境改善。博物馆商店的氛围需要与展厅保持一致。一个宽敞、雅致、洁净、整齐的经营环境，能使游客感到商品与展厅里的展品同样精美，值得购买以资纪念。因此营业区在某种程度上是整个展览的一个组成部分。博物馆商店一般不宜分散在博物馆各处，分散不但不能激发观众的购买欲望，还会不同程度地影响到观众的购物心理，应当集中于博物馆的出口。出口是观众的必经之路，观众在参观展览时对某些展品或内容有了强烈兴趣，在看到复仿制的文化产品时，往往会产生冲动，萌发强烈的购买欲望，而且观众购物后无须带着商品参观。

故宫端门商店

目前，我国博物馆领域不乏高层次的历史、文物、考古、艺术等领域的专家学者，但是普遍缺乏高层次的经营管理人才，而现代博物馆，只专注于文物研究或陈列设计已不能适应社会的发展，需要专门的博物馆营销人员，或者有专人负责市场营销事务。对博物馆管理者来说，也需要考虑市场营销发展。博物馆市场营销管理人才的专业化程度和数量，直接决定着博物馆市场营销的发展程度，这就需要对我国博物馆管理层及从业人员的结构做出相应的调整。同时，博物馆市场营销不仅是设立一个部门、安排几个专门人员就可以解决，而需要博物馆各个部门和所有人员的配合。

各级政府相关部门应将博物馆文化产品研发纳入博物馆行业管理体系中。结合各地经济社会发展状况，将博物馆文化产品研发纳入城市文化发展总体规划，确定博物馆文化产品的研发方向，实现长期规划与短期计划的有效结合，从而促进博物馆文化产品研发的可持续发展。博物馆文化产品研发意味着博物馆主动引入市场机制，从而在实现社会效益、满足社会公众需求的同时，使博物馆文化产品成为推动博物馆事业发展新的经济支撑。博物馆应适应时代要求，加强理论研究，将文化产品研发问题作为博物馆学学科建设的重点来加以对待，进而促使博物馆界将文化产品研发纳入博物馆事业发展的规范体系之中。

目前，一些博物馆开始建立健全文化产品研发的考评和激励机制。例如完善分配激励机制和创造条件参与市场竞争，鼓励和支持博物馆文化产品研发优秀人才的脱颖而出；建立政府奖励机制，对博物馆文化产品研发的重大项目、有创意的文化产品以及做出杰出贡献的单位与个人给予奖励；制定博物馆文化产品的研发成果可以作为研发人员职称评定依据的激励政策。另外，一些地方政府主管部门采取措施鼓励博物馆文化产品研发。例如将博物馆文化产品研发，作为博物馆评估定级的考核指标；将重点博物馆文化产品研发基地列为公务礼品采购的定点单位等。

从市场营销的本质上讲，所有的社会个人都是博物馆的观众。但是，由于博物馆的不同，观众对博物馆的认识理解、需求和参观行为不同，由此产生了博物馆不同的观众群。实施博物馆观众市场细分，就是博物馆按照观众的特性、参观行为特征及参观方式等诸多因素，把整个观众群细分为若干不同的市场。博物馆市场营销时，通过市场调查，可以明确博物馆在文化领域的地位，明确不同文化产品的目标受众，从而为博物馆市场营销开拓出突破口，不断产生新的社会效益增长点①。

同时，应加强与相关领域的合作。一是加强博物馆之间的合作。通过组建全国博物馆文化产品行业协会，实现博物馆之间在文化产品研发经营方面的联系沟通，优势互补，形成合力。通过组建博物馆商店联盟，采用产品代工、代销等分工合作方式进行馆际合作，推动博物馆行业的整体进步。二是加强博物馆与企业的合作。通过与生产性企业合作，利用多渠道、多形式的社会资本，弥补经费不足；利用企业在经营管理、服务等方面的优势，弥补博物馆在经营方面的经验劣势；利用旅游企业宣传产品，拉动销售，拓宽营销渠道。三是博物馆与旅游行业合作。通过了解不同时段、不同地点游客的需求，促使博物馆不断研发旅游文化产品，增加旅游行业的文化内涵，提高博物馆的知名度，从而拓展博物馆文化产品的市场。

资源投入是博物馆事业发展的基础。博物馆本身就是一个以文

① 彭清云：《博物馆市场的未锄之地》，载《中国文物报》，2010-09-01（4）。

物藏品资源为中心，由人力资源、物力资源、财力资源等多种资源聚合起来的文化机构。长期以来，人力、财力、物力的不足一直是制约我国博物馆事业发展的瓶颈。为了吸纳更多的资源投入，博物馆除了积极争取政府增加投入之外，还应当通过各种渠道广泛筹措各种社会资源投入到博物馆事业，以弥补博物馆人力、财力、物力及展示资源的不足。为此，博物馆应积极推动资源筹措机制的改革，减少博物馆对财政支持的依赖性，使我国博物馆事业的发展形成多方参与的局面。

博物馆的资源筹措机制，是指博物馆通过各种渠道筹集人力资源和财物资源投入博物馆管理建设的机制，具体包括社会力量动员机制、社会捐赠动员机制和市场创收机制。社会力量动员机制，是动员博物馆之外的人员和组织参与博物馆的管理和建设的机制。该机制的主要功能在于为博物馆节省人力资源方面的开支。博物馆应该利用现有的人才资源、丰富的文物资料，将博物馆文化与社会的各种需求结合起来，通过各种方式的合作，努力开拓博物馆的对外业务，创造综合效益。例如首都博物馆积极实践“无处不是博物馆”的理念，对馆外业务的开拓主要归结为筹划协助建馆、参与展览选题设计制作、为相关单位开展业务咨询三个方面。

我国部分大中型博物馆在市场营销方面虽然取得了一些成绩，但是从总体上来看，博物馆的市场营销水平仍处于起步、探索、培育、发展的初级阶段。今天，博物馆界普遍给予市场营销以积极的肯定，认为市场营销不仅仅在一定程度上解决了博物馆的运营经费问题，其深远意义更在于有力促进博物馆文化的广泛传播，为社会公众创造更多接触博物馆文化、接触文物藏品、接触文化艺术的机会，成为博物馆扩大影响、树立品牌、塑造形象的重要窗口，进一

第三届苏州文化产品博览会开幕式

步完善博物馆的社会服务功能。博物馆需要主动寻找各方面的支持，向管理部门和社会各界阐述自己的发展意图，而不是被动地等待“救济”。

但是，由于体制机制等方面的原因，不少博物馆缺少按照市场营销规律进行自我宣传的理念和手段。一方面观众对于博物馆的了解渠道很少，另一方面不断进步的信息化传播手段，并没有很好地应用到博物馆市场营销中来，造成许多颇具价值的陈列展览等文化信息资源，不能在社会上形成良好的舆论氛围和关注热潮。“事实上，任何商品包括文化产品，任何组织包括政府组织，如果不进行有意识的营销，要想寻求广泛的认同和接受，等于是缘木求鱼。再好的理念、产品和服务都不能抱着‘好酒不怕巷子深’的信条安稳度日。”①

① 郑好：《互联网时代的博物馆营销》，载《中国文物报》，2010-04-28（4）。

博物馆的职责是尽最大努力扩大社会公众利用博物馆的机会。因此评价一座博物馆的价值，不仅要看其文物收藏的丰富和陈列展览的精美，还要看其在鼓励观众参观和学习方面所取得的成效。位于台北阳明山麓的林语堂故居，在开放之初就将其经营理念定位为结合展示参观，开展文化艺术讲座。这里定期举办免费的讲座，并于每周六定期举办“读原著学英语”系列课程，由林语堂故居聘请专业英文老师，通过阅读林语堂名著《京华烟云》来学习英文，每堂课收费 250 元新台币。

社会各界人士也可以提出申请租用故居的阅读研讨室，但是要符合文化、艺术、教育等宗旨，并不得以营利为目的。故居的餐厅名为“有不为斋”，提供套餐、茶点。林语堂先生好美食，因此林语堂故居的所有餐饮，都是结合林语堂生活饮食的故事加以设计，使观众通过饮食文化走近林语堂。林语堂故居建筑中西合璧、别致典雅，展现地中海式风情，因此，不少新婚人士选择来此拍摄婚纱照。虽然林语堂故居在资金紧张的情况下，开展了一些市场营销活动，但是，总体上并未影响故居的文化氛围，反而提升了林语堂故居的社会影响力。

作为非营利机构，博物馆市场营销的目的不是为了获取最大利润，而是通过营销手段吸引更多的观众进入博物馆、利用博物馆，帮助观众愉快地参观博物馆，理解博物馆的文物藏品，学习新知识，提高自身素质，使观众获得积极的博物馆参观体验，从中获取有助于个人发展和实现社会价值的知识和能力。在使观众充实自己的同时，认识到博物馆存在的必要性和博物馆为社会做出的贡献。因此，博物馆市场营销更注重社会价值，其目的是实现博物馆促进社会发展的工作目标，是以博物馆观众为出发点，而不是以产品销售利润等经济指标为出发点。

今天，博物馆应以促进事业繁荣发展为最高原则，在法律和政策允许的范围内，积极开展市场营销探索。只有这样，博物馆才能从市场营销中获取更多的资源，从而减轻国家和社会的财政负担，保障博物馆事业的可持续发展；只有这样，博物馆才能激发内部员工的积极性和创造力，从而为社会提供更好更多的文化产品和服务，满足广大民众的文化需求；只有这样，博物馆才能使国家投入的公共资源产生最佳效用，从而促进和维护社会整体的公共利益。

随着广大民众生活水平的显著提高，对文化需求的愿望也日益强烈，文化消费理念正在逐渐发生变化。现在人们到博物馆不再仅仅满足于参观陈列展览，而是希望在参观博物馆后带走一些与博物馆有关的文化产品，作为珍贵的回忆或者是馈赠亲友的佳品。能够得到一件称心如意的博物馆纪念品，观众不只是爱不释手，而且心情愉悦。因此，文化产品的创意和质量，关乎博物馆的形象。博物馆的文化产品是提升博物馆形象的一个重要因素，也是博物馆藏品生命的延续，是博物馆观众与博物馆藏品的重要桥梁。

为观众提供有意义的文化产品，体现出博物馆为社会服务的功能。博物馆的现代化管理不仅是在设备设施等硬件上的现代化和高科技，而且是在博物馆的服务功能上贴近公众实际需求，不断改进和完善观众服务，在经营理念上顺应时代发展，将学习、观赏、休闲与博物馆的基本功能相适应，体现出博物馆的文化服务功能，让参观者享受到整洁、典雅、舒适的人文环境的同时，也感受到博物馆的人文关怀。实际上，博物馆文化产品是博物馆教育与传播的重要手段，是博物馆陈列与展示的延伸。文化产品研发关乎博物馆教育、传播功能的实现，影响到当代公众对博物馆公共文化服务功能的认识和关注，影响到博物馆的生存与发展。

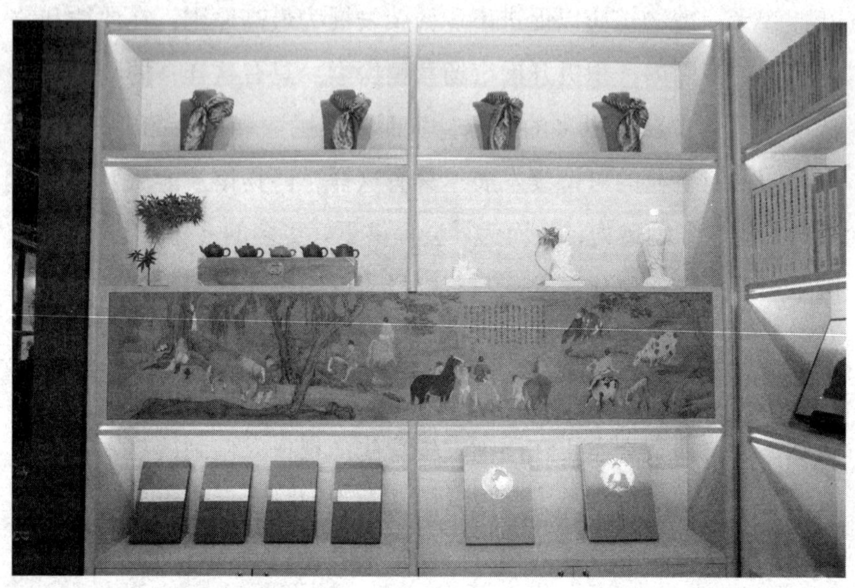

义乌第9届文交会故宫博物院展位

博物馆所能提供的文化产品可以分为三类，即陈列展览、服务、纪念品以及其他延伸性产品。就国际范围来讲，今天博物馆更多的是从社会服务的角度来考虑问题和进行资源配置。因此国际上一些博物馆实施改扩建工程，增加的空间部分大部分都是公共服务设施。越来越多的社会公众认为博物馆其实就是社会生活的一个公共场所，这种全新的理念可以增加博物馆的服务和活动范围。许多博物馆都开始根据观众的需求，开展各种特色服务。例如“商店销售服务是博物馆最传统的文化产业项目之一，经营的好坏，很大程度上取决于两个重要方面：一是文化，二是特色。只有两者兼具，才能形成规模，才能产生持续性效益”[①]。

博物馆文化产品一定要有特色，有助于观众保持美好的参观回

① 王际欧:《浅析博物馆文化产业的特征、结构与开发策略》,载《中国博物馆》,2006(3),84页。

忆或能帮助观众回想起博物馆空间、博物馆展览和博物馆藏品。生活水平的提高增加了观众对休闲娱乐的需求，为此博物馆也采取了相应的措施，例如提供清洁的环境、舒适的氛围来满足观众的需求。博物馆在确定目标观众，制定发展策略后，应当审视自身所能提供的文化产品及其质量，将文化产品与观众紧密地结合在一起。让观众购买文化产品后，不仅能从中学习到知识，受到教育和启迪，同时能获得一种审美愉悦感，从而在潜移默化中提升素质。

具有不同文化背景的观众，来到博物馆参观，在欣赏过陈列展览、文物展品后，还能挑选、购买、带走各自喜欢的、具有所参观博物馆鲜明特色的文化产品，将使博物馆参观活动更加圆满。观众在博物馆商店购物具有较大的随意性，这些商品既不属于生活必需品，也不在家庭支出预算之列，因此，观众在博物馆购物，不同于被动消费，而是各取所需的个性消费行为，自觉自愿的主动消费行为。正因为如此，博物馆商店应对文化产品的历史信息、科学信息、艺术信息、工艺信息等文化内涵予以揭示，并清晰地传达给购买者，使他们对文化产品中蕴含的各种文化信息充分理解与认同，使博物馆文化成为他们日常生活的一部分。

观众在博物馆选购自己喜欢的文化产品时，对这些文化产品的感觉、感情、理解、认同十分重要。要善于从馆舍建筑、文物藏品、研究成果中选择、抽象出文化艺术、工艺元素，研发出既有历史传统，又有地域特色，还有时代气息的博物馆文化产品。观众喜爱的博物馆文化产品包括，具有该馆镇馆之宝代表意义的精美复制品，具有与该馆文物藏品造型、图像、色彩密切联系的精美工艺品，具有丰富文化内涵的特色艺术品，使观众对博物馆陈列展览、文物展品留下更加深刻、更加长久的印象，使博物馆文化更加具有扩散力、渗透力和影响力。

正因为博物馆文化产品与其他生活必需品相比，并不是日常生活的基本需求，因此，博物馆市场营销更需要以观众为中心，打动观众的心，只有从观众的需求和渴望出发，极力减低消费者的成本，为观众提供便利，并且充分与观众进行沟通，才能有效地实现市场营销的目标。同时，独具特色的文化产品增加了观众对博物馆藏品的兴趣和关注程度，拓展了博物馆的教育功能，提高了观众的文化修养。博物馆文化产品不断唤起人们的回忆，激发人们的情感，陶冶人们的情操，使文化弥漫于日常生活之中。因此，博物馆市场营销不仅是博物馆增加收入的方式，也是博物馆进行文化传播与推广的方式。

人们不仅通过参观展览来满足文化上的享受愿望，而且希望通过购买博物馆文化产品的方式，将博物馆文化带回家，以延伸享受的时间。博物馆的文化产品往往被赋予了更多地方特色、文化个性和艺术品位，这些文化产品销售到哪里，历史文化信息就被传播到哪里。在参观结束后，观众在博物馆商店消费的同时，继续受到文化熏陶。当观众携带博物馆文化产品走出馆门，走出国门，走进家庭，博物馆文化也随之走进千家万户的生活，从而使博物馆文化传播得更持久、更深入，更能满足人们日益增长的文化需求，更有效地发挥博物馆的传播功能和提高传播效果。

博物馆文化产品研发，是博物馆市场营销的有效途径，也是博物馆扩大其影响力的重要途径。只有合理研究、精心制作具有各个博物馆自身特色的文化产品，才能增强观众购买的吸引力，提高市场营销收入水平。博物馆产品不能一成不变地遵循旧有模式，而忽略新时代的新需求。将博物馆文化产品和文化传承更好地融合在一

义乌第 9 届文交会故宫博物院展

起，例如将博物馆藏品的某个元素，作为代表博物馆的文化符号，制作成为实用文化产品，既是对博物馆文化的宣传，同时也将博物馆文化通过文化产品的形式传递给社会民众。购买这样的文化产品，意味着对博物馆文化的直接延伸，甚至永久记忆。尤其是配合陈列展览做好博物馆商品的研发，将会为陈列展览增光添彩。

做好一件特色文化产品的研发，其艰巨性不亚于筹备一个好的陈列展览。事实上，博物馆拥有大量文化遗产资源，它们是前人文化创造的智慧结晶，为今天研发博物馆文化产品提供了无穷无尽的创造空间。但是，研发出既有丰富的文化艺术含量，又受不同层面的观众喜欢的博物馆特色文化产品，并不是一件容易的事。更有过去不熟悉市场经济、市场运作等方面的种种难题需要不断破解，这些都是对博物馆能力和智慧的考验。要从博物馆文化理念、博物馆文化价值、博物馆文化传播的高度将博物馆文化产品的研发放在重要位置，今天博物馆应当承担起这样的职责与使命。

目前虽然大多数博物馆已经建立起自己的经营服务商店，也研发了一些文化产品，但是与广大观众的需求仍有相当大的差距。应注重通过市场调查搞好观众预期的设计，了解观众、研究观众、吸引观众、留住观众、服务观众的过程就是市场调查。博物馆的文化产品研发应该树立平民意识，让社会公众积极参与进来。通过充分调查社会民众的意愿，采纳社会民众的建议，研发出功能定位多角度、创意来源多渠道、价格定位多层次的文化产品，使文化产品功能顾及社会民众的生活需要和文化需求，积极唤起观众的购买意识。同时，文化产品的价格定位也要符合社会民众的购买能力，有效实现博物馆教育功能在社会民众中的进一步延伸。

博物馆文化产品的创作元素来源于以博物馆藏品、陈列展览为主的资源，这些资源都具有一定的历史文化元素。它们或者代表了当时人们的审美情趣，或者隐喻了当时人们的生产生活方式、社交礼仪等。陈楠教授认为“到博物馆参观，想买一个博物馆的符号或相关的一个元素，那是你对博物馆体验以后产生的认同和收藏”[①]。他认为博物馆文化产品也应当按照特许衍生产品模式来运作，“博物馆应该对自己的愿景、定位、发展目标和产品等进行系统设计。产品上必须要有博物馆的Logo，其中包含它的思想和元素，具有知识产权，而且是专门授权研发，生产厂家和营销商家都是指定的，事前要经过严格的审查”。

今天，社会公众欣赏以更加智慧的方式研发的文化产品。博物馆文化产品研发不应该再是低水平地重复制作相互雷同的复（仿）制品，而应该研发具有自主知识产权的特色文化产品。文化产品的

① 李艳：《博物馆文化产品的“N”种解读》，载《中国文物报》，2010-02-24（5）。

研发设计，要融入以人为本的原则，基于人的需要来研发文化产品，设立多元化的文化产品体系，既研发文化产品精品，又鼓励满足大众化需求，为博物馆文化产品的研发赢得旺盛生命力。例如一些博物馆所研发的文化产品，将具有典型特色的文物藏品，用统一的纹饰表现在不同的文化产品上，使博物馆的文化产品具有多元化、系列化、生活化特征，取得较好的效果。

观众对博物馆文化产品的兴趣，往往是对博物馆、对文物展品兴趣的延伸。研发具有特色的博物馆文化产品，不仅可以满足人们文化旅游购物的需求，为博物馆带来一定的经济效益，同时也可以使博物馆所承载的文化信息传播得更广泛。当今社会被称为传媒时代，反映出媒体在社会生活中的影响，博物馆作为社会文化机构虽然不以盈利为目的，但是要吸引社会公众的注意力，提升自身的社会知名度，也不可避免地需要通过媒体宣传自己。博物馆重视媒体的宣传作用，利用报纸、杂志、电视、广播、新闻发布等各种手段宣传自身。

博物馆的文化产品，物化了特有的历史精华和独具的审美情感，大大提升了博物馆纪念品的文化内涵和个性，满足不同观众的文化心理需求。编辑出版具有博物馆特色的科学普及读物，既是博物馆科学研究工作成果的一种具体体现，也是博物馆扩大文化传播覆盖面的一种有效手段。博物馆可以在文物藏品、陈列展览以及相关文献资料的基础上，编辑博物馆简介、观众导引手册、文物藏品图录、陈列展览图集，出版各种学术专著、幻灯片、明信片、光盘等，使更多的社会公众，特别是不能来博物馆参观的普通民众，间接地了解博物馆，了解博物馆的文化内涵。

故宫文化产品

目前，博物馆可以提供更加广阔的信息服务，包括电子软件、电子刊物、电子图书、电子图册等电子化、数字化商品。博物馆可以通过开发数据库产品，将不同层次的信息产品与机读载体结合，形成各种类型的全文数据库及图像和视听资料数据库等。博物馆可以根据人们对特定信息的需求，将信息有序化，然后形成知识库，通过标准化的加工分析，提供专业化信息，开展信息检索、咨询服务。博物馆可以通过网络信息服务，提供各种信息查询和独家信息资源，例如远程教育、在线欣赏、游戏动漫、电影播映，还可以利用多个网上数据库，构成虚拟信息空间，为公众提供更加强大的信息共享空间。

博物馆文化产品研发，是博物馆实现自身社会功能和价值的需要。博物馆文化产品具有扩散性、渗透力和影响力，是博物馆文化和文化遗产有效的、重要的展示和传播渠道，是博物馆社会教育、文化服务功能的拓展和延伸，是博物馆服务社会功能的具体体现。博物馆文化产品研发，有助于提高博物馆自身造血功能，是博物馆可持续发展的内在要求。文化产品研发可以追求利润，但是必须在满足追求社会效益目标的前提下才能实现。博物馆文化产品既然具有特殊的文化意义，就需要有与之相适应的销售文化行为来支撑，能够激发观众的购买欲望，从而达到双赢的效果。

据相关资料显示，全国的博物馆中大约有 2/3 生存困难。就我国目前大多数博物馆的运行经费来看，仍然主要依赖政府拨款。但是，面对一项如此庞大的社会事业，政府有限的拨款仍然只能解决基本的生存问题，而对于发展来说，还只是杯水车薪。如何在这样的财务状况之下，走出一条具有特色的博物馆事业可持续发展之路，是任何一座博物馆都必须认真思考的问题。博物馆文化产品研发，以博物馆特有资源为依托，在保证博物馆社会效益的前提下，实现经济效益，同时依托文化产品研发的反哺性，能够在一定程度上解决博物馆发展资金短缺的问题。

随着人们消费理念的变化和对文化遗产认识的不断深入，博物馆文化产品研发将会有更大的发展。为进一步拓展和延伸博物馆的社会功能，促进博物馆事业可持续发展发挥积极的作用。博物馆文化产品研发，是推进博物馆体制机制创新，增强博物馆活力的重要措施；是利用好、发挥好博物馆稀有资源，将资源转化为生产力，拓展、丰富博物馆文化传播渠道和功能的重要手段；是博物馆增强自身造血能力，补充事业经费，促进展示服务水平提升的重要方法；是向社会提供更多高雅特色文化产品，满足社会民众日益增长的文化消费需求，更好地发挥博物馆公益性文化服务功能的重要渠道。

博物馆文化产品研发对于博物馆事业发展是不可缺少的组成部

分。发展博物馆市场营销的意义不仅仅在于解决博物馆经费问题本身，更是促进博物馆事业发展的重要手段，是博物馆可持续发展的内在要求。就目前来看，国内各大博物馆在藏品保护、陈列展览方面专业人才较多，但是缺少既懂专业技术、又懂经营管理的综合性人才，目前对这种综合性人才的需求愈发显得迫切。如果博物馆文化产品研发设计人员缺少对文化产品依托的馆藏文物内涵的深刻领悟，研发出来的文化产品必然形似而神不似，缺少独特的历史人文魅力和感染力，难以实现文化产品的人文和科技附加值。

因此，要促进博物馆市场营销和文化产品研发，需要根据事业发展的要求，积极培养或引进既具有博物馆专业知识，又具有市场营销和文化产品研发经验的急需人才，使人才结构逐步趋于合理，一方面，建立、健全博物馆市场营销和文化产品研发从业人员业务培训和继续教育制度，培养博物馆市场营销领域的创意创新人才、专业技术人才和经营管理人才；另一方面，对博物馆员工进行岗位培训和知识、技能更新，适应博物馆发展的需要。伴随博物馆文化产品研发水平的提高，将培养锻炼出一批既熟悉博物馆业务工作，又擅长博物馆市场营销的新型综合性人才。

观众调查是博物馆市场营销有效提升的基础，博物馆市场营销必须以观众需求为导向，不断满足观众的需求，最大限度地实现博物馆的社会职能。观众调查的实质就是了解大众的精神文化需求，既包括现实需求，也包括潜在需求，以及大众的文化品位、兴趣喜好。不同的观众有不同的需求，因此，博物馆应根据所拥有的文物藏品，尤其是文物藏品的特色，对服务对象进一步细化，细化的变量包括不同地区、不同城市等地理因素；不同年龄、性别、收入、职业、文化程度及文化品位等人口因素；不同社会阶层、生活方式等心理因素。在明确不同的社会群体对博物馆市场营销和文化产品研发的需求后，定位策略便成为博物馆市场营销成功的关键之一。

在博物馆的市场营销活动中，信息影响着营销理念的树立、营销组合的策划、营销策略的制定、营销实务的操作、营销过程的控制以及营销结果的反馈等市场营销全过程。因此，借助博物馆网站、馆刊报纸、问卷调查、专家咨询等，建立起博物馆与社会公众的沟通，尤其是双向沟通，可以获得更好的社会效益与经济效益。其中网络营销在国内正处于发展起步的阶段，机会多、成本低、形式灵活，对于全面、深度展示博物馆形象是一个难得的宣传平台。对于名不见经传的博物馆来说，有效的网络营销有助于博物馆提高知名度、树立品牌、建立营销渠道等。

博物馆开展市场营销所进行的一些带有经营性的活动，例如出租场地、餐饮娱乐等可能会对博物馆的性质和博物馆社会形象造成冲击，同时也会影响到社会公众对博物馆的认识。博物馆要在坚持非营利的社会公益机构这一基本性质不变的前提下，通过自身努力，合理高效利用资源，完善社会服务功能，积极开展具有自身特点的经营活动。一项博物馆市场营销策略付诸实施后，需要有持续的评估过程，才能保证在实施的过程中不出现偏差。定期进行评估，发现问题及时调整，有利于市场营销按既定目标进行，当实施情况严重背离博物馆宗旨时，应该及时加以调整。

如今博物馆的市场营销模式，已经从“以物为中心”转向同时注重“以人为中心”。为公众与社会的需要和利益服务，成为包括博物馆市场营销在内的一切工作的出发点和归宿。只有在文化产品的研发设计中更多地融入人本理念，基于观众的需要来研发文化产品，才能获得良好的市场效果。博物馆应根据信息分析找到目标观众群，

北京国际书展故宫出版社展位

判定消费标准并实施准确的市场营销定位，甚至根据不同观众需求提供个性化的深度服务。因此，了解人们的兴趣与需求，是使市场营销方向不致偏失的必要条件。

博物馆与市场营销有机结合，不但是博物馆增加经济实力的有效途径，也是博物馆扩大影响力的重要途径。在发挥教育和科研功能的过程中，经济功能也得到体现，对相关行业产生带动和促进作用。此外，市场营销所产生的大量衍生文化产品，给博物馆带来丰厚经济效益的同时，提升了博物馆的社会影响力，密切了博物馆与社会民众的关系。在社会效益方面，以博物馆为中心的文化区域，可以带动周边的社会活动和商业活动，在创造文化环境的同时，也为社会服务、社会就业等社会发展做出贡献。

完善博物馆市场营销实现方式的思考[①]

（2014年1月）

博物馆市场营销与企业商品营销最大的区别在于，其所产生的营业收入不用于投资者和管理者之间的利益分配，而是将这些收入返还博物馆的运营，用于博物馆自身发展，这就是博物馆非营利性的集中体现。博物馆在市场营销方面蕴藏着诸多优势，包括藏品资源、品牌资源、人才资源、场地资源等。作为博物馆的社会效益资源，藏品保管、科学研究、陈列展览具有举足轻重的作用，而作为博物馆经济效益资源，则包括文化产品销售和文化资源利用等方面。

博物馆往往具有多元化的文化市场，可以与众多社会机构建立起伙伴关系，其中获取运营资金的有效渠道之一，就是博物馆的市场营销活动，而在市场营销活动中，文化产品销售日益成为重要的收入来源。联合国教科文组织对“文化产品”的定义为“文化产品一般是指传播思想、符号和生活方式的消费品，它能够提供信息和娱乐，进而形成群体认同并影响文化行为”[②]。国内外著名的博物馆，无一不重视博物馆文化产品的研发和销售，作为传播博物馆文化、延展博物馆功能、筹集博物馆资金的重要途径。这些文化产品既可以满足观众纪念和馈赠亲友的需求，也成为让博物馆文化走进

① 此文发表于《从“数量增长”走向“质量提升”——关于广义博物馆的思考》，天津，天津大学出版社，2014。

② 李艳：《博物馆文化产品的“N”种解读》，载《中国文物报》，2010-02-24（5）。

人们生活的文化大使。

长期以来，缺乏特色、做工粗劣、种类单调、价格不菲，甚至在其他任何地方都可以买到的工艺品，充斥着博物馆商店。但是，目前博物馆文化产品早已不是如此简单，已经成为博物馆满足观众文化需求的重要方面。人们参观博物馆陈列展览，往往接收大量专业知识和文化信息，但是，却难以在短时间内记住很多内容。如果配合陈列展览主题，研发相应的文化产品，并在博物馆商店内销售，就能通过营造与文物展品直接相关的氛围，将观众的购物活动融入参观过程，使陈列展览变得更加有趣，也使参观者获得更加丰富、难忘的参观体验。

博物馆的文化产品，包括具有地域特色的工艺品，以历史、文物、艺术、文学等为主的图书及音像制品以及收藏鉴赏类图书等，均是博物馆文化的延伸和推广，是观众在博物馆的文化体验中不可或缺的组成部分。通过这些文化产品，可以记录人们的参观经历，拉近参观者与博物馆的距离，使观众能够在离开博物馆后，经常回味起在博物馆的感受，承载观众的美好回忆，透过文化产品展开更多话题，使博物馆文化产品成为生活的一部分，或是在将文化产品赠送亲友后，吸引更多的人到博物馆参观。这些都是文化产品在实现博物馆文化传播方面的独特优势，也是“把博物馆带回家”概念的具体阐释。

博物馆创建独立品牌、加大博物馆文化产品研发，是国内外博物馆延伸教育功能、扩大社会影响、增加经济实力的主要手段之一。博物馆文化产品由于文化内涵丰富、品位高雅、工艺精美等特点，深受国内外观众的喜爱和青睐。特别是随着博物馆免费开放的全面实施，观众流量大幅增加，对博物馆文化产品的需求进一步扩大，市场潜力很大。李文儒先生指出："不少身临其境的参观者还有与亲友分享文化的美好愿望，他们会选择非常适当的纪念品带回去分送给没有到过这个馆的朋友们。这样，一个小小的特色文化商品就成为一传十、十传百的博物馆文化的宣传员了。"[①]

故宫文化产品

博物馆文化产品是博物馆重要的文化形象，博物馆商店是可以销售的陈列展厅，以传播博物馆文化为市场营销的目的，才能坚持正确的文化定位。成功的博物馆文化产品，对于观众来说，要做到在审美上的乐于享受、在创意上的易于感受、在功能上的便于接受、在价位上的宜于承受。同时，博物馆文化产品还是培育潜在观众和支持者的有效途径之一。因此，要依托文化藏品和陈列展览，研发独具特色、形式多样的文化产品，更好地满足市场需求。要避免文化产品同质化和低水平重复生产，加强文化产品市场管理，规范经

① 李艳：《博物馆文化产品的"N"种解读》，载《中国文物报》，2010-02-24（5）。

营行为，使其健康有序发展。正是在满足参观者的消费需求中，博物馆文化产品达到了传播文化的目的。

创意是文化产品的灵魂。目前我国博物馆文化产品的创意水平仍处于起步阶段。由于博物馆自身对文化产品认识不足，重视不够，缺乏研发意识和营销理念，不少博物馆对文化产品的认识还停留在对文物的“复仿制”层面，特色不突出，实用性不强，致使许多文化产品的研发与公众的实际需求不符，展览的文化传播功能尚未得到应有的拓展和延伸。一些博物馆的文化产品从创意、设计的角度看，尚缺少既能传递博物馆特色文化信息，又与当代日常生活密切相关、创意新颖的文化产品。同时，博物馆文化产品研发涉及工业设计水平，而我国的工业设计整体水平尚待提高。

“台北故宫博物院”对于博物馆文化产品研发的做法是，邀请70多个文化产品生产厂家进行初选，从中选取15个设计团队，再对其进行半年的培训，使他们加深对文物内涵的理解后，结合博物馆藏品进行文化产品的设计，最后从中选取最佳设计投入生产①。“台北故宫博物院”在要求专门从事艺术品设计的公司和设计师学习博物馆文化的同时，于2005年开始与意大利知名设计品牌爱烈希（Alessi）合作研发出“清宫系列产品”，从乾隆皇帝的图像，衍生出蛋杯、椒盐研磨器、酒塞、书夹、磁铁、钥匙圈等商品，在全球热卖，市场营销业绩达到6亿元②。

台湾自2005年起，为增进大专院校设计专业学生对于博物馆文化产品的认知，鼓励学生融合创意、美感及技巧进行创作，参与博物馆文化产品研发与设计，连续举办了三届“博物馆商品创意设

① 何颖：《台湾的博物馆教育与公众服务工作》，见《工作探索》，45页。
② 陈淑卿：《博物馆商品设计何妨增些平民意识》，载《中国文物报》，2010-02-17（4）。

计竞赛”。竞赛宗旨是“借由竞赛使学生了解文化创意产业附加值功能外，并以文化营销方式，扩大博物馆教育功能，吸引社会大众进入博物馆参观”。由于参赛者均为大专院校的学生，他们是博物馆的主要观众群体，能够体味一般社会公众对博物馆文化产品的基本需求。因此所设计的作品多为文具和日常家居用品，个体小巧、材质低廉，但是创意灵动、寓意深刻，在有限的空间内实现了博物馆文化的无限延伸[①]。

考察“台北故宫博物院”文创产品库房

首届竞赛只有台湾历史博物馆、自然科学博物馆、工艺科学博物馆、海洋生物博物馆 4 家博物馆参与，参赛者需选择其中一家博物馆，依据该博物馆的功能与特色进行文化产品设计。设计内容与使用材料不限，但是必须符合所选择博物馆的主题。评审标准为创意 40%、审美 20%、制造 20%、实用 20%。2008 年度，参与竞赛的

① 陈淑卿：《博物馆商品设计何妨增些平民意识》，载《中国文物报》，2010-02-17(4)。

博物馆增至17家。与2005年相比较，评审标准更改为创意30%、制造30%、实用30%、审美10%，更加注重作品的可制造性与实用性。换言之，博物馆文化产品设计定位，已经从单纯的工艺品，过渡为与现实生活密切相关的日用品。

据《解放日报》报道："台湾归来的潘先生给女儿带来一件'国宝'礼物——由'台北故宫博物院'所藏翠玉白菜微缩制成的精美手机链，剔透可爱。刚上高二的小姑娘爱不释手，上网上图书馆查资料，一头栽进了翠玉白菜与其他历代国家艺术珍品的世界，她已经跟爸爸妈妈立下约定，明年高考后，一定要把北京、西安、台北跑个遍，好好看看真国宝。""台北故宫博物院"围绕文物展品研发出"翠玉白菜筷架""翠玉白菜耳扒"等数十种文化产品，价格从几元到数千元不等。日常生活用品与"国宝"巧妙融合，带来惊人效果。

统计显示，"台北故宫博物院"最畅销的前十位纪念品中，"翠玉白菜"的衍生品就占五种。除此以外，印有《兰亭序》的鼠标垫、印有《赤壁赋》全文的硅胶材质餐垫等创新产品，同样设计精良、制作精美，令人爱不释手，让参观者离开时，依然沉浸在艺术氛围中，今后也可时时把玩。这些都已成为"台北故宫博物院"独有的标志性产品。在法国巴黎卢浮宫,《蒙娜丽莎的微笑》被印上多种纸张布料，成为馈赠佳品，还可以用很低廉的价格，买到相关明信片，将这份神秘微笑寄给远在千里的家人，成为艺术传播的重要路径。在德国波恩贝多芬纪念馆中，还能买到印有贝多芬头像的指甲刀，让大师相伴生活起居[①]。

随着全国博物馆免费开放的全面实施，广大民众对博物馆文化产品和服务的需求日益旺盛，为博物馆文化产品研发提供了广阔前

① 彭德倩：《何不让镇馆之宝"化身千万"》，载《解放日报》，2010-08-31（8）。

景，博物馆市场营销面临重要的发展机遇。博物馆文化产品相比市场上其他同类产品，竞争力体现在它具有更高的人文和科技附加值。高附加值不仅意味着更高的利润率，同时也是博物馆社会教育、文化传播等职能的延伸。博物馆具有人文情怀的文化产品包装，在具体操作中，将物质与非物质两种文化要素和谐统一起来，并将博物馆的名称、形象融合其中，将博物馆的品牌优势、人文情怀物化为文化产品的一部分[①]。

教育是博物馆最重要的功能之一。通过研发博物馆文化产品，可以为教育机构提供所需要的文化信息，辅助增强教育活动的实效。例如博物馆在深入挖掘文物藏品内涵的基础上，按照教育机构的需要，与学校教师等进行合作，从各类文物藏品资源中选取所需的题材，选择适当的文化传播形态，研发配合学校教育的文化产品。这样人们在购买这些文化产品之后，博物馆的教育功能就将随之走出博物馆、进入人们的生活，传播与博物馆陈列展览、文物藏品有关的知识信息，实现博物馆教育功能的延伸。同时，可以通过与出版机构合作，出版与博物馆藏品有关的书籍，就能使博物馆商店为研究人员和普通民众提供专业书籍、研究资料和普及读物。

博物馆的文化产品，不仅是“到此一游”的记忆，更是博物馆文化的延伸，是对陈列展览和文物展品的进一步阐释。在英国，博物馆开设商店出售其文化产品以获得经济利益，扩大博物馆的社会影响，已经成为一种常例。英国博物馆的文化产品研发，一般由博物馆专门设计制作，文化产品设计独特、制作精良，不仅包括文物复制品、图片、画册等，还包括大量加入了博物馆藏品的文化元素，设计制作的生活用品。苏州博物馆从 2008 年开始，组织文化产品研

① 申小红：《博物馆要重视旅游产品开发》，载《中国文化报》，2008-08-31（3）。

发小组，从事博物馆文化产品研发，到目前为止，已经拥有 70 余种文化产品。

应努力推动博物馆文化产品的研发，精心设计、制作出充分体现博物馆资源所蕴含的文化要素，拥有独立自主知识产权，适应市场需求的多品种、多层次的博物馆文化产品；积极引导、大力支持博物馆文化产品研发实施品牌战略，做好商标注册、专利申报和原产地保护等工作；在营销渠道建设上，搭建电子网络销售服务平台，实现博物馆文化产品研发经营的网络化经营管理和服务；成立优秀博物馆文化产品评审委员会，举办全国博物馆文化产品展评活动，严格按程序评审和公布，提高优秀博物馆文化产品的知名度；积极组织推荐有条件的博物馆文化产品参加中国驰名商标、中国名牌产品和国家免检产品的评选工作，努力形成在国际国内有较大影响力的博物馆文化产品优秀品牌。

故宫端门商店

博物馆市场营销要研究的主要问题是制定营销策略，而市场营销目标的选择是制定营销策略的基础和前提。只有准确地选择市场营销目标，才能将博物馆自身资源与社会需要更好地结合起来，有效地制定营销策略。博物馆确定市场营销目标时要根据自身可利用的资源，首先选择那些能够有效吸引到的观众群体，其次要能为这些观众提供具有特色的服务。例如将市场营销目标定位于当地观众，应当知道他们参观博物馆除了了解本地的历史文化和自然环境外，还希望了解外部世界，了解当代社会的新成就。对外地观众来说，他们感兴趣的是反映博物馆所在地的历史渊源、地域特色和民情风俗的各种展览。

博物馆制定营销策略时，要能够使市场营销目标人群对博物馆、博物馆文化产品有准确的认识，从观念、行为和文化产品上塑造博物馆的形象，突出博物馆的特点。博物馆要了解不同类型观众的特点，对他们做出准确的评价，需要进行观众调查和观众行为研究。观众调查主要是对观众所进行的参观行为和参观过程中各方面满意程度的了解。观众行为研究是对博物馆观众进行的系统观察，例如他们的兴趣特点以及相互影响。他们被哪些东西吸引，他们停留多长时间等。以上对观众的实际参观活动及其反应的调查，不仅有利于分析不同类型观众的特点，为确定目标市场奠定基础，同时这些反应也是调整和改进博物馆服务或其他活动的最直接的信息来源。

以博物馆为载体的市场营销在传播文化知识、扩大博物馆的文化影响力、满足公众对文化产品的需求等方面，都发挥着重要的作用。随着全国博物馆全面免费开放的顺利推进和对博物馆纳入国民教育体系长效机制的探索，博物馆的教育功能得以不断强化，并对其他功能的发挥也产生了较强的引领与带动作用，有助于实现博物馆事业自身的科学发展。A. 斯蒂芬（A. Stephen）主张以博物馆职能多样性来认识博物馆的市场营销行为。他指出，现代社会的博物馆承担的角色比传统博物馆更加丰富多彩，它的象征意义和实用功能相统一，能让广大公众从中受益。

博物馆是公众教育机构，与公众之间更加广泛的交流，促进了博物馆休闲环境的产生。因此，博物馆应在保持原有职能基础上，在休闲环境的框架下，有效地研究、分析自身优势，以便在现代社会中提高自身价值。如今，越来越多的博物馆认识到，文化产品研发对于自身生存与发展具有多重意义。博物馆需要丰富文化传播手段，提供灵活多样的文化产品，通过提供文物咨询、鉴定、培训等特色服务，提高博物馆文化的辐射面，努力让观众把博物馆文化带回家，使历史文化传播更广泛、更深入、更持久，同时又可以使博物馆获得事业发展所需要的经济效益。

通过发挥博物馆的信誉优势，对博物馆所拥有的场地资源、设施资源、人才资源进行合理利用，可以实现市场营销的综合效益。在场地资源合理利用方面，博物馆可以通过授权有社会责任感的相关文化机构，利用馆舍或场地举办各种博物馆文化活动。事实上，每座大中型博物馆都有一些场地具有多样化用途，特别是可以为社会机构举办各类文化活动提供场所。例如博物馆的报告厅、宴会厅等设施，可以提供给乐于利用博物馆设施的有关机构和社会公众举办专题陈列展览、开展观摩学习活动之用。

博物馆利用馆舍和场地，通过一些临时展览和特别展览的举办，可以使博物馆的影响突破固定陈列展览的限制，更加充满活力与朝气，为观众开启不同文化风景的窗户。同时，博物馆通过举办临时展览和特别展览的方式，还可以以优质的服务获取门票收入。特别是经过大众传媒的特色宣传，博物馆举办的一些临时展览和特别展览，往往成为当地的公共文化事件，为博物馆积聚文化力量，扩大博物馆的社会影响力，获得良好的社会效益和经济效益。例如大英博物馆绝大部分展厅对社会免费开放，但是每年举办的临时主题展览需要观众购买门票，成为市场营销资金的主要来源之一。

2007年9月，来自中国的“秦始皇：中国兵马俑”展览轰动英国，8个月的时间，观众达85.5万人次，是继1972年大英博物馆举办埃及法老图坦卡蒙展览以来，最为成功的临时主题展览。仅2008年春节当天，这个展览就迎来了3.5万观众，达到大英博物馆开馆以来的最高水平[①]。此次展览每张门票12英镑，虽然票价较高，但是一票难求，需要提前预订。大英博物馆在此次临时主题展览中，通过门票、纪念品、出版物以及社会捐赠等，共增加收入250万英镑。一些大型博物馆还配合临时陈列展览举办讲座、音乐会、电影等活动，例如古根海姆博物馆为配合中国美术展览，放映20世纪30年代电影，还有现场钢琴伴奏。

博物馆虽然属于非营利性质，但是必须有坚强的经济实力作为后盾。在财力支援方面，各国对博物馆的市场营销，都给予前期的扶持引导性资金。这些前期引导性资金的来源渠道体现出多元化，既有政府的拨款，也有来自企业、基金会、个人捐赠等渠道的社会资金。在芬兰，国家除出台直接资助博物馆的相关政策之外，还明确规定政府可以将发行彩票筹集来的资金用于博物馆的资助。美国政府除推行大幅度减免税政策来鼓励个人和企业支持博物馆外，个人和企业的捐赠还可以通过博物馆内设立的基金用于日常运作，投

① 王如君：《面向世界的知识宝库》，载《人民日报》，2009-3-17（15）。

资回报率平均达到7%至8%。

我国的博物馆亦应千方百计地争取社会各类公益性基金会、民间机构或社会个人的各种捐赠。虽然国家积极鼓励社会各界捐助博物馆，但是，只有善于宣传推介自己的博物馆才能吸引人们的关注，从而赢得社会各界人士的支持。在宁波，一批管理经营专业的志愿者，成立了“宁波博约博物馆发展基金会”，按国际博物馆通行的理事会形式，发动社会资源，参与博物馆的社会民主管理，践行“市民博物馆”理念。这个基金会的理事会由社会各界管理经验丰富的人士组成，目前已经募集到相当可观的博物馆发展基金。

作为世界第三大经济因素，旅游业无论在国内还是国际都具有重要影响力。遍布世界各地的博物馆，同时影响着旅游者和旅游目的地的人们的文化生活。1999年10月，国际古迹遗址理事会在墨西哥召开大会，通过了新的《国际文化旅游宪章》，为文化旅游观光和收藏之间的动态关系提供指南。宪章对博物馆尤其是国际博物馆协会“博物馆与文化旅游”产生了重要的影响。2000年，国际博物馆协会通过了《博物馆与文化观光旅游宪章原则的建议》。宪章和建议在社区参与、保护优先，观众照料、游客体验方面达成高度一致。

《博物馆与文化观光旅游宪章原则的建议》特别强调了博物馆内部运营，重申了博物馆非营利性质并不表示博物馆应当完全依赖国家财政，博物馆可以具备营利能力，通过一定的机制来获得捐款者的资助，指出非营利组织与事业单位在“存在背景、组织性质、资金来源、产权基础、运作模式、经营管理、监督机制和政府角色等方面有本质的不同”。宪章强调文化旅游推广，文化旅游是扩大文化交流最重要的途径之一，博物馆应当为当地社区和旅游者提供负责任的良好管理的机会，使他们可以亲身经历和了解该社区的文化。

应该以一种可持续的方式理顺博物馆与旅游的关系，应该确保带给旅游者有价值和满意的愉悦经历，当地社区和原住民应该参与到博物馆和文化旅游之中[①]。

现实情况表明，国内旅游活动，的确需要博物馆文化的支撑。一些旅游团体带领游客除了游山玩水外，就是到商场购物，以获得额外的经济利益，罕有把博物馆设计在旅游线路之中。这种情况既不利于旅游业的发展，也不利于公众文化素养的提高。文化旅游不应仅仅满足于"吃、住、行、娱、购、游"，还应突出文化教育职能。2000年，玻利维亚和秘鲁在国际博物馆协会会议期间提交了《博物馆和文化旅游宪章的提案》，其中在导言中指出，"文化遗产无法成为消费类产品，同样它与肤浅的旅游者之间的关系也不能被赞赏。如果游客能够认同该遗产，他就能重视它的价值和维护它的重要性，并因此成为一个博物馆的盟友"[②]。

联合国教科文组织《关于博物馆向公众开放最有效方法的建议》指出"各成员国应敦促国家或地方旅游机构，把鼓励人们多参观博物馆，并将其部分活动及资源用于此目的，作为它们的主要目标之一"，"应邀请博物馆经常利用这些旅游机构提供的服务，并使之与博物馆自身扩大其社会和文化影响的努力相联系"。文化旅游是以人文艺术为取向，以可持续发展为原则，既能从中获得经济社会效益，又能维持与延续文化生态效益的旅游活动。2009年国际博物馆协会将国际博物馆日的主题定为"博物馆与旅游"，旨在探讨全球博物馆等文化遗产资源如何在刺激消费、促进旅游、拉动经济中发

① 付文军：《国际博协关于博物馆与文化旅游的新进展述评》，载《中国文物报》，2009-12-16（6）。

② 国际博物馆协会，世界博物馆公谊会联合会：《全球可持续文化旅游宣言》，载《中国文物报》，2009-04-10（5）。

美国丹佛艺术博物馆观众参与项目

挥作用。

博物馆与文化旅游密切相连。伴随着世界范围内文化旅游的兴起，大量国际游客入境旅游，国内民众文化旅游人数更是逐年增加。博物馆早已成为高品位的文化旅游目的地，在文化旅游中博物馆旅游占有越来越大的份额。就旅游目的地而言，很多资源替代性较强，但是博物馆的馆藏文物资源既不可复制，又不可替代。因此，博物馆是旅游目的地中最集中展现人文资源的平台，使游客在较短的时间内了解到当地文化的精髓。同时，随着物质生活的不断进步，当地社区民众也开始寻求文化上的归属。这种文化旅游和消费热潮必然带动博物馆市场营销的快速发展，博物馆也应该以此为动力，在市场营销方面不断拓展发展空间。

国际自然保护联盟特别顾问、墨西哥专家H. C.拉斯喀瑞（H. C. Lascurain）于1983年首次提出“文态旅游”的概念。如果说把“生态旅游”看作一种回归大自然的绿色旅游，那么“文态旅游”则应该看作人们对文化多样性的追求。所谓“文态旅游”就是以生态环境与人文艺术为取向，以可持续发展观为指导，既能从中获得社会经济效益，又能维持与延续生态效益的旅游活动[①]。几年前，武侯祠博物馆宣布要将宽2米、长约150米的锦里小巷建设成为民俗商业街。由于锦里小巷与武侯祠博物馆仅一墙之隔，人们不免担心对文物博物馆环境造成不良影响。因为，文化记忆的恢复与抚平最怕用力过猛。

但是，锦里小巷并未让隔壁的全国重点文物保护单位武侯祠染上“铜臭味”，而是通过蜿蜒街道的肌理和风貌，继承性地创造了新的文化空间与场所精神，将城市环境、文化记忆、生活场景、商业空间有机融合，以成都风情茶餐为主的餐饮系列，以地域文化产品为主的纪念品系列，成为成都现代城市生活中摸得着、看得见、感受得到的场所。同样，在成都的宽窄巷子，文化精神融入市井院落的休闲生活，成为著名的文化旅游空间，最大限度避免城市街区同质化发展，其独特的文化价值，使社区文化进一步被认同、提升、传承[②]。

博物馆是城市重要的文化旅游资源，欧美一些国际大都市既是著名的旅游城市，同时也是博物馆最多的城市。例如在法国巴黎、英国伦敦、美国纽约等历史性城市中，博物馆的数量都多达200~300座。这些城市也因此成为吸引全球文化旅游观光的顶级目

① 王卿芳：《遗址文脉保护与文态旅游集成研究》，见《2009大遗址保护良渚论坛》，229页。

② 吴焰，杨雪梅：《历史遗存，在成都激活重生》，载《人民日报》，2010-06-11（12）。

的地，有力地促进城市经济的发展。在我国，有关方面的研究表明，保守估计从 2001 至 2007 年，全国博物馆文化旅游收入从 95.5 亿元增长到 194.1 亿元，这个数据表明，开展博物馆文化旅游具有巨大的间接经济潜能[1]。事实上，世界各地的博物馆均在以其独特的形式，为城市的经济社会发展做出贡献。

今天的文化旅游，应该是涉及文化与自然环境的教育、解释与管理，使之在文化资源保护方面可持续发展的旅游；是在利用文物资源供人们观赏的同时，既能对文化遗产及其环境进行保护，又能对维护当地居民正常社会生活承担义务的旅游。伴随博物馆事业的强劲发展，收藏、艺术、时尚、旅游等相互依存、相互渗透、相互促进，各自之间的关系较之以往愈加密切，为博物馆进一步支撑文化旅游市场提供了坚实的基础条件。鉴于导游对团队旅游者参观博物馆的质量所起的关键作用，湖南省博物馆为导游提供免费的培训课程，让他们了解博物馆陈列展览，帮助观众更好地接受博物馆教育和服务。

但是，现代社会人们的休闲娱乐活动日渐丰富，除了文化旅游之外，还有众多可以供游客观光消费的地方，这就无形中构成对博物馆文化旅游以及其他文化产品的替代作用。博物馆如果不能抓住机遇，及时拓展市场营销功能，改变自身发展模式，则极有可能在文化旅游市场的竞争中沦为配角，成为其他旅游消费方式的附属品，丧失发展的时机。同时，旅游部门要指导旅行社克服门票回扣为上的短视心理，真正树立大旅游意识，从惠及公众、追求更高的综合效益出发，科学安排文化旅游参观路线，继续做好博物馆团体观众的组织工作。

① 汪勤：《法国审计法院给博物馆界“挑毛病”》，载《中国文化报》，2011-04-21（3）。

在海南国际旅游岛讲坛的专题报告

博物馆免费开放以后，几倍甚至十几倍增长的参观人数，表明博物馆对参观者极具吸引力，文化旅游活动成为公众获得知识和文化信息的渠道，帮助观众通过博物馆去体验、理解、品味丰富多彩的文化内涵。当前，对博物馆与文化旅游的关系应有科学的定位。如何在文化教育机构与文化旅游设施之间保持平衡，成为博物馆面临的一个重要课题。博物馆和文化旅游应在尊重文化遗产的价值与尊严的前提下，鼓励发展负责任的旅游和可持续的旅游。博物馆与文化旅游合作的基础主要建立在双方的社会效益之上，即博物馆和旅游部门通过合作，实现对所在地经济社会发展的促进作用。

博物馆的核心价值与文化旅游的核心动力都是文化遗产资源，但是，也必须注意到双方对文化遗产的解读与需求存在差异。博物馆关注文化遗产的社会教育作用，主要任务是文化遗产的保护与传承，为达此目的，博物馆要开展保护、研究、展示和教育活动；旅游则关注文化遗产的工具作用，关注文化遗产的历史、文化和美学价值，关注文化遗产的吸引力及其所表达的文化多样性，以此来拓展文化旅游的深度，满足旅游者对文化旅游活动品位的需求。文化旅游发展中应该更加注重博物馆的可持续发展，在博物馆事业与旅游产业之间形成更好的互动局面。

博物馆有责任与旅游公司进行合作，有必要提高所有团体对文化遗产保护的认识并指导他们进行良好的管理实践，使“享受，而不是破坏”成为所有文化旅游业者的最终目的，同时也使文化旅游变得更加有利于环境保护。博物馆旅游除了可以促进自身的发展外，还有利于区域经济的可持续发展。国际博物馆协会主席 A. S. 康明斯（A. S. Cummins）认为：“对人类社会而言，无论人们怎么认识自己，相信什么，或者选择如何表达自己，遗产是我们共同的身份。博物馆与旅游这个主题，鼓励博物馆专业人员和志愿者一道，携手来访者和游客，创造与当地社区的互动，以体验博物馆围墙内外的遗产。”

博物馆市场营销活动，应该研究参观者的文化消费需求，围绕馆藏文物的历史信息和审美价值，研发独具特色的文化产品，在市场营销活动中凸显文化品位，让市场营销与博物馆的文化氛围相协调。故宫博物院参观人数每年递增近一成，2010 年已达到 1200 万人次，2011 年更达到了 1400 余万人次。门票总收入超过 6 亿元。有关调查显示，人们参观故宫主要有三个需求：一是看宫廷建筑；二是看皇家珍宝；三是想购买有故宫特色的纪念品。宫廷建筑、皇家珍宝只能观赏，而观众能够拥有的是那些内涵丰富、品位高雅、特色鲜明、艺术性强的文化产品。文化产品可以使观众永久地回味和享受故宫文化。

遂初堂铜制故宫文化产品

博物馆设置的纪念品商店、书店、餐饮服务，将博物馆的服务功能进一步扩大。参观者的欣赏品味和实际需求不断提高，希望博物馆提供的服务项目也越来越多，对博物馆文化产品的研发、宣传和服务设施提出更高的要求，成为博物馆市场营销和优质服务设施发展的努力方向与目标。博物馆市场营销不仅仅是一种商业模式，也不是急功近利的产品推销，而是通过研发使博物馆的文化资源得以进一步的延展，为观众提供更多样化的服务，成为博物馆为社会服务的重要组成部分。当观众在参观之余，或到博物馆里的茶座、咖啡厅小憩回味展览，或欣赏在博物馆商店购买的与文物藏品相关的图书，或在博物馆餐厅品尝与陈列展览主题相配合的美食，博物馆带给观众的是难以获得的参观体验。

目前，顺应博物馆市场营销的发展趋势，一些博物馆根据自身的实际情况，通过建立新的市场营销机制，进行可贵的探索，取得了一些成效。例如通过举办特殊展览的方式获取门票收入。按照目前博物馆免费向公众开放的政策，博物馆举办的特殊展览不在免费开放之列；通过研发纪念品、复制品及特色书籍等方式获取营销收入；利用博物馆的人才优势和设施优势，为观众提供专业服务而获取市场收入；通过提供社会文物专业咨询服务，收取技术服务收入；通过将博物馆所拥有的资源，出租或授权他人使用的方式收取租赁收入。

会员制最早产生于经营性企业，是企业部门为了开拓市场而与购买商品和接受服务的人员建立起的一种制度关系，其核心机制是通过优惠措施，吸引顾客重复购买企业部门的产品和接受服务，从而为企业培养忠诚客户，赢得稳定市场并获得更好的收益。推行会员制也是国际博物馆的通行做法，社会民众只要缴纳一定的会费，便可以成为博物馆的会员，并享受到博物馆提供给会员的文化服务。会员每年所缴纳的会费，是博物馆稳定而可观的收入来源，而更重要的是博物馆通过会员组织在社会各阶层、各领域建立起核心支持群体，他们在为博物馆提供各种帮助方面具有不可估量的作用。

在我国，上海博物馆率先实行会员制，按类别分为普通会员、高级会员、贵宾会员以及相应类别的家庭会员，年费 200 元到 8 万元不等，另设荣誉会员和团体会员。会员可以无限次地免费参观上海博物馆各项展览，定期参加文物鉴赏、传统文化等专题讲座，高级会员还有机会随同文物博物馆专家、学者一起进行文物考察。目前，一些博物馆充分挖掘文化资源和博物馆活动内涵，满足社会不同人群的需要，培育规模庞大的博物馆之友等会员群体，利用博物馆的资源优势、人才优势，开展有特色的讲座、培训、咨询、鉴定、设计等社会服务。

会员项目既是市场营销的一种资源，又有助于博物馆在反映文化多样性的社区扩充影响、获得社会民众支持。会员组织的建立形成了热心博物馆事业的群体，这个群体会经常关注博物馆发展。如果会员保持长期经常到博物馆访问，就会对博物馆有更多的体验了解，会员就会与博物馆保持更加亲密的关系，也会更加关注博物馆的管理与经营服务等事务。因此，通过经常与会员交流，可以获得众多提高服务质量的改进意见和管理经营方面的建议。有些国家的博物馆设立终身会员，观众可以获得博物馆的终身服务，博物馆也可以获得观众的终身呵护。

“口碑是最有号召力的市场营销形式。”建立起会员关系的基础是博物馆提供的核心服务，要满足观众的多样性期望。只有在博物馆能够提供有竞争力的文化产品和优质服务的前提下，才能够构建起观众关系搭建的平台。就博物馆会员而言，虽然不同的博物馆之间观众需求会有很大的差异，但是基本包括一些通行的利益体现，例如会员在一定的时间内可以免费访问博物馆，消费其中一些服务项目，包括参观基本陈列、临时陈列展览等；会员可以在博物馆经营的各种相关服务消费中享受一定的折扣价格，包括购物、餐饮以及参与开展的收费活动项目；可以参加专门为会员组织的特殊活动项目。

博物馆对于入会会员没有特别的身份要求，只要按照规定缴纳相应的费用，办理完成会员手续，就可以成为博物馆的会员。为了保持与会员的经常性联系，博物馆免费赠阅每位会员博物馆连续出版的杂志，给每位会员不间断地发送博物馆相关方面的电子刊物，并能够及时更新博物馆活动信息以满足会员需要。同时，博物馆单独为会员组织开展的活动、针对会员销售的折扣商品信息等，也通过电子信箱及时通知，通过这种信息联系使会员始终能够把握博物馆的动态信息，加强了会员的归属感，也为会员及时参与博物馆活动提供及时的信息，对于促成会员重复访问博物馆起到了积极的作用。

博物馆之友是博物馆工作的有力支持者，也是重要的信息反馈渠道。建立自己的博物馆之友组织，并与之保持良好的合作关系，对博物馆树立社会形象、扩大社会影响十分必要。博物馆之友的活动通常由博物馆组织，主要形式包括参观所在博物馆的陈列展览，参加讲座和座谈活动，获得最新动态和展览信息材料、出版物，参加馆内的教育项目、文物藏品的研究和陈列展览的设计等业务活动。有条件的博物馆，还可以经常为博物馆之友开办讲座、主题讲解等，参加博物馆的田野考古工作和征集文物、采集标本、文物鉴定等工作。此外，还可以不定期举行座谈活动，进一步巩固、完善与博物馆之友的关系。

尽管博物馆是面向公众的文化机构，但是关心热爱博物馆事业和对博物馆的特定藏品拥有特殊感情的社会人士是博物馆的重点服务对象，是最稳定、最有专业水准的观众群体，也是推动博物馆事业发展的重要力量。如果博物馆能与这些社会人士建立起较为固定的联系，并为这些人士提供参与博物馆管理和建设的渠道和平台，这些社会人士通常很愿意为博物馆的管理和建设出谋划策。在实践中，一些博物馆采取的会员制等做法，实际上就是博物馆与这些社会人士建立固定联系的具体方式，也是博物馆为这些社会人士提供的参与博物馆建设和发展的平台，取得了相当明显的效果。